KB056889

영어회화를 위한 영어듣기 잘하는법과 리스닝 공부법

영어듣기
100일 완성

한글영어

영어회화를 잘하고 싶다면
영어소리를 듣고 따라할 줄 알아야 합니다.

영어듣기를 성공하고 싶다면,
문자나 의미보다 영어소리에 집중해야 합니다.

한글로 쓰여진 한글영어는
학습자가 영어소리에만 집중하도록 도와줍니다.

영어회화를 위한 영어듣기 잘하는법과 리스닝 공부법

영어듣기 100일 완성

인쇄일 2018년 8월 1일
발행일 2018년 8월 2일

지은이 정용재
펴낸이 정용재
펴낸곳 (주)한글영어
주소 경기도 안양시 동안구 벌말로 123, A동 1111호 (평촌스마트베이)
전화 070-8711-3406
등록 제 385-2016-000051호

홈페이지 http://한글영어.한국
메일주소 tmenglish@naver.com

ISBN 979-11-88935-06-2 (13740)

책값은 뒤표지에 표시되어 있습니다.
파손 및 잘못된 책은 교환해 드립니다.

차례

듣기에 대한 정확한 이해

듣기란 무엇인지 정확히 이해할 때 비로소 영어듣기를 성공할 수 있습니다. 국어사전에서는 듣기를 다음과 같이 풀이하고 있습니다.

'듣기란 상대방의 말을 올바르게 듣고 이해하는 일이다'

듣기란 무슨 소린지 이해하는 것이라고 단순하게 생각해서는 듣기를 정확히 이해하기 어렵습니다. 기존의 듣기에 대한 생각은 1단계적인 개념이라면, 정확한 듣기의 이해는 듣기는 2단계로 나누어졌다는 것을 깨닫는 것에 있습니다.

2단계라고 하는 것은 우선 소리를 듣는 1단계와 들은 소리를 이해하는 2단계로 이루어지는 과정이라는 것입니다.

기존의 1단계적인 듣기와 말씀드리는 2단계적 듣기의 차이를 정확히 이해한다면 여러분은 영어듣기를 성공할 수 있습니다

이를 그림으로 표현하면 다음과 같습니다.

1단계 소리듣기　　2단계 의미이해

지금 상대방이 말하는 소리가 내 귀에 정확하게 들린 후 두뇌까지 전달되는 과정을 상상을 해보세요.

이 때 만약 여러분이 머릿속에서 딴 생각을 하고 있다면 여러분은 상대방이 말한 소리를 잘 들을 수 있을까요?

마찬가지로 영어듣기를 할 때 여러분이 머릿속에서 들리는 소리의 의미가 무엇일지 미리부터 생각하고 듣는다면 여러분은 정작 중요한 소리 자체는 듣지 못하게 됩니다.

이것이 여러분이 영어듣기를 실패한 원인입니다.

이제까지 여러분은 " 영어소리를 들으면 뭐해? 의미를 모르면? " 이라는 잘못된 고정관념으로 듣기의 과정에서 1단계라고 할 수 있는 소리를 먼저 들으려고 노력해야 하는데도 불구하고 오히려 그 이후의 과정인 2단계를 위해서 이해를 위한 단어의미 암기에 몰두해 왔다는 것입니다.

그러다보니 원어민의 말을 들을 때 그 소리에 집중하기보다는 그 말의 의미가 뭘까?하는 딴 생각을 하면서 듣게 되어서 영어소리를 올바르게 듣지 못하면, 의미를 몰라서 듣지 못한다고 오해를 해서 단어암기에 더욱 매진하는 악순환에 빠지게 됩니다.

만약 여러분이 영어듣기를 성공해서 영화나 뉴스를 원어민처럼 듣고 싶다면, 단어의 의미를 암기하기 이전에 그 소리를 잘 듣는 훈련을 해야 합니다. 의미를 알면 알수록 소리에 집중하기 더 힘들어지게 됩니다.

조금이라도 아는 영어를 들을 때와 하나도 모르는 중국어를 들을 때를 비교해보면 듣기에 대한 집중도의 차이를 쉽게 알 수 있을 것입니다.

이제부터는

" 영어소리를 들으면 뭐해? 의미를 모르면? "

라고 말하면서 단어암기를 하기보다는,

" 의미를 알면 뭐해? 소리를 들을 줄 모르면? "

이라는 생각으로 영어듣기의 기준을 바꿔보시기 바랍니다.

영어듣기 100일 완성 공부방법

본 책의 구성은 2가지로 되어 있습니다.

1. 한글영어로 된 영어문장
2. 녹음된 원어민 음성파일

이 책의 공부방법은 주의사항만 지키고 한다면, 공부방식은 여러 가지를 다양하게 섞어서 가능합니다.

주의사항 절대로 영어문자와 한글의미를 떠올리지 않는다.

이점을 항상 주의를 하면서,

1. 한글영어 문장을 큰소리로 읽어 봅니다.
2. 원어민 음성에 가능한 많이 노출되도록 합니다
3. 한글영어 문장을 본인 목소리로 녹음해서 듣습니다.
4. 한글영어를 멀리하는 것이 아니라 초집중 합니다
그래야만 영어문자와 의미가 떠오르지 않게 됩니다
5. 음성을 들으면서 또는 친구가 말해주면 따라 말합니다.
6. 하루 공부 분량은 각자의 사정에 따라 달라질 수 있습니다.

파트

와리즈 더 뤼즌
유 스떠디 잉글리쉬?

아이 원투 추래블 어롸운- 더
워ㅏ을드 바이 마이쎌프.

싸운즈 그레잇!

01 와리즈 더 뤼즌 유 스떠디 잉글리쉬?

02 카r즈 아r 메이라우러브 베뤼어스 메틀즈.

03 쉬 릭쓰 허r 립쓰 어픈 윗 허r 텅.

04 워러r 플로우즈 프럼 어 하이 플레이스 투 얼 로우 플레이스.

05 허r 헤어r 이즈 블로운 바이 스추롱 윈드.

06 아이 앰 롸이링 어 뤼플라이 투 마이 프렌즈 메일.

07 더 보이 워즈 더블 더 싸이즈 어브 히 씨스터r.

08 쉬 턴드 떠r틴 디스 이어r.

09 위 추롸이라워r 베슷 투 메익 더 게임 페어r.

10 데이 쎄이 퍼즐즈 헬프 투 디벨럽 더 브뤠인.

11 히 웬 투 더 풀 투 스윔 위드 히즈 프뤤드.

12 쉬 뤼플라이드 '오우케이' 투 마이 뤼쿠에스트.

13 더 모우멘트 히 레프트, 더 텔러포운 뢩.

14 더 줴너뤌 캐뤼즈 얼 롱 소워r드 앳 히즈 웨이스트.

15 쉬 와췻 더 키즈 플레이.

01 더 스튜든츠 아r 인싸이- 더 클래스룸.

02 게러 췌껍 앳 더 하스삐를 웬 유어r 씩.

03 워러r멜런 이즈 마이 페이버륏 프루트.

04 어덜츠 고우 투 더 컴뻐니 인 더 모r닝.

05 쉬 와취- 더 무비 "레이리 앤 줸틀맨".

06 아이 해브 그뤠잇 커뤼쥐 투 쎄이브 더 촤일드.

07 아이 웤-더롸운 더 파r크 썸타임즈.

08 쉬 웨어r즈 허r 코웃 주륑 코울드 윈터r즈.

09 아이 플레이드 배스킷볼 앳더 플레이그롸운드.

10 히 해즈 메니 토이즈.

11 아이 로웃 더 호어r스 애러 빅 파r크.

12 더 추뤄블 이즈 댓 위 도운(트) 해브 머니.

13 아이 유스- 더 키 투 오우쁜 덜 락.

14 아이 타잇리 타이드 마이 슈-레이시즈.

15 디 아r티스츠 엑지비션 오우쁜즈 애러 갤러뤼.

★ 밑줄 프 = f , 르 = r , 브 = v 발음 표기

01 스떼이 데어r, 도운(트) 무브.

02 투데이 이즈 어 뤠이니 앤 윈디 데이.

03 아이 윌 비짓 마이 프렌- 투모로우.

04 디스 퍼피 이즈 어글리 벗 스틸 베뤼 큐웃.

05 아워r 하우스 워즈 빌트 위드 뤨 브뤽쓰.

06 쉬 워r크트 애러 쿠와이엇 오피스.

07 아이 투꺼 쇼어r- 뤠스트 언더r 더 추뤼.

08 허r 보이프뤤드 웡-트 앳 허r.

09 히 토울드 히즈 패어뤈츠 어바웃 히즈 주륌.

10 민수 뤼시브드 인포r메이션 어바웃 더 테스트.

11 더 맷- 도그 빗 히즈 레그.

12 더 버r즈 인 더 포뤠스트 아r 씽잉.

13 마이 스낀 이즈 뤠드 비커우즈 어브 더 썬.

14 아이 페이드 머니 포어r 투 북스.

15 잇츠 데인저뤄스 투 클라임 어뻐 추뤼.

01 아이 윌 스떠디 매쓰 하r더r.

02 어 마스터r 앤 더 슬래이브 웬 투 더 마r켓 투게더r.

03 더 윈드 이즈 블로윙 프럼 더 이스트.

04 더 췰주뤈 앤 더 어덜츠 아r 플레잉 인 더 스노우.

05 더 파r머r 워r-트 인 더 콘피-일드.

06 히 이즈 굿 앳 리딩 더 팀 애즈 어 리더r.

07 수지 해러 햄버r거r 퍼r 런취.

08 더 스까이 이즈 블루 앤 하이 인 오텀.

09 메니 포뤼너r쓰 비짓 코뤼아.

10 위치 디뤡션 이즈 싸우쓰?

11 댓 포뤼너r 라익쓰 코뤼언즈.

12 후 툭 마이 이뤠이서r?

13 투데이 이즈 줴니쓰 텐쓰 버r쓰데이.

14 위 주루 어 픽쳐r 온 더 그롸운드.

15 아이 웨어r 글래씨즈 비커우즈 아이 해브 배드 아이싸이트.

★ 밑줄 프 = f , 르 = r , 브 = v 발음 표기

01 데어r즈 어 예스터r데이, 어 투데이, 앤 더 투모로우.

02 아이 팩떠 타월 앤 썸 워러r 투 주륑크.

03 어 빅 액씨든트 해쁜- 니어r바이.

04 히 게인- 더 글로뤼 어브 위닝.

05 쉬 웬 투 줴주 아일랜드 바이 플레인.

06 위 워r 인 더 쎄임 클래스 인 엘러멘터뤼 스쿨.

07 히 이즈 고잉 업 더 스테r어즈 원 애러 타임.

08 더 키즈 아r 플레잉 아웃싸이드.

09 데어r 이즈 어 빅 브륏쥐 오우버r 더 뤼버r.

10 왓 아r 유 플래닝 투 두 투모로우?

11 아일 러브 배스킷볼 얼랏, 투.

12 디스 플레이스 이즈 애즈 세이프 애즈 마이 호움.

13 아이 해러 해삐 타임 윗 더 액추뤠쓰.

14 도우 히 이즈 영, 히 이- 스추롱.

15 쉬 뤼씨브 더 프뤼티 덜- 애저 기프트.

01 아이 롸잇 다이어뤼즈 인 마이 노웃북 에브뤼 나잇.

02 위 올 샛 앳 더 롸운 테이블.

03 더 스까이 비컴즈 그뤠이 비포어r 잇 뤠인즈.

04 쉬 다이드 허r 헤어r 브롸운.

05 워리즈 유어r 페이버륏 스폴트

06 아이 스프륑클드 페퍼r 오우버r 더 롸이쓰 케익 쑤윺.

07 주롸- 투 라인쓰 온 더 블랭크 페이쥐.

08 아이 원투 주롸이브 얼 라r쥐 카r.

09 허r 아이즈 워r 필드 윗 티어r쓰.

10 더 쉐프 이즈 웨어륑 얼 롱 햇 온 히즈 헤드.

11 마이 썬 이즈 하이딩 비하인- 미

12 좌이나 해저 브롸들 랜드.

13 민쥐 캔 스삐익 잉글리쉬.

14 고울드 이즈 이옐로우 앤 실버r 이즈 그뤠이.

15 원 마이너쓰 원 이즈 지로우.

★ 밑줄 프 = f , 르 = r , 브 = v 발음 표기

01 도운(트) 스틸 아더r 피플쓰 띵쓰.

02 히 워즈 앵그뤼 비커우즈 어브 마이 미스떼익.

03 어 뤠인보우 케임 아웃 인 더 스까이 애프터r 잇 뤠인드.

04 히 이즈 쏘우 스뚜삣 댓 히 캔-(트) 썰브 언 이지 프롸블럼.

05 쉬 워즈 웨어륑 어 와잇 주뤠쓰 앳 더 파r디.

06 아이 원 투 씽 어 쏭 라이꺼 씽어r.

07 데어r 아r 메니 플레인즈 앳 디 에어r포어r트.

08 댓 액터r 이즈 핸썸 앤 프뤤들리.

09 도운(트) 터취 마이 펜슬 케이쓰 위다웃 마이 퍼r미션.

10 히 쏘- 어 빅 베어r 인 더 우즈.

11 아이 인조이 피슁 애저 하비.

12 아일 고우 윗듀 이퓨 고우.

13 아이 유스 떠 브룸 투 클리넙 더 더스트 인 더 룸.

14 솔저r쓰 뤼씨브 스뻬셜 추뤠이닝.

15 나미 푸쉬드 오우쁜 더 스또어r쓰 도어r.

01 아이 캔 스멜 썸띵 굿 인 더 파인 포뤠스트.

02 배-츠 아r 행잉 인 더 다r크 케이브.

03 아이 스떡 더 노웃 온 마이 뤼프뤼쥐뤠이러r 윗떠 매그넷.

04 아이 스꾸위즈- 더 투쓰페이스트 온투 마이 투쓰브뤄쉬.

05 레잇리, 데어r 아r 얼라럽 투어뤼스츠 온 쥒주 아일랜드.

06 히 인조이즈 리스닝 모어r 댄 토킹.

07 더 스타r피쉬 룩쓰 라이꺼 스타r 인더 스까이.

08 아이 윌링리 액셉띳 히즈 아퍼r.

09 클로우즈 더 윈도우 애즈 디 에어r 아웃싸이드 이즈 코울드.

10 히 이즈 영. 하우에버r, 히 이- 스추롱.

11 웬 스위밍 인 디 오우션, 비 케어r플 어브 샤r크쓰.

12 더 도그 쎄이브- 디 오우너r 프럼 데인저r.

13 텐 타임즈 텐 이즈 원 헌주뤳.

14 아이 브로욱 더 윈도우즈 글래쓰 윗떠 싸커r 볼.

15 민수 이즈 마이 베스트 프뤤드.

★ 밑줄 프 = f , 르 = r , 브 = v 발음 표기

01 티어r쓰 주뢉트 프럼 허r 아이즈.

02 데어r 이즈 어 스추롱 윈드 블로윙 아웃싸이드.

03 투모로우 위 해브 히스토뤼 앤 아r트 클래쓰.

04 더 뤠빗 앤 더 터r들즈 뤠이쓰 이즈 어 파퓰러r 스토뤼.

05 아이 메잇 더 배스낏 아우럽 뱀부.

06 히 블리브즈 갓 크뤠이릿 맨.

07 타임 캔 비 메저r드 인 세컨즈, 미닛츠, 앤 다우어r즈.

08 데어r 워즈 어 뉴 이어r즈 파r디 인 더 홀.

09 위 멧 텐 이어r즈 어고우 애더 파r티.

10 데어r 이즈 하r들리 에니 샌드 온 디- 쇼어r.

11 아이 플레이- 바이 마이셀프 온 더 줭글 쥠.

12 쉬 워즈 투 씩 투 스땐- 스추뤠잇.

13 히 해즈 쓰뤼 밀 저 데이.

14 얼라럽 피플 케임 투 씨 더 파이어r워r크쓰.

15 쉬 이즈 에이블 투 리프- 더 뢐.

01 히즈 인 더 미들 어브 뤼딩 어 나-블 롸잇 나우.

02 위 어텐- 더 쎄임 엘러멘추뤼 스쿨.

03 아이 앰 루킹 퍼r 어 와이- 베엣.

04 아일 웨잇 언틸 잇 스땁쓰 뤠이닝.

05 히 딧 히즈 호움워r크 비퍼r 왓칭 티븨.

06 렛츠 밋 앳 쓰리 어클락 인 프론트 어브 더 라이브래뤼.

07 히 러브즈 보우쓰 비프 앤 포r크.

08 아임 인 더 퍼r쓰틀 라인 앤 유어r 인 더 쎄컨드 라인.

09 히 얼웨이즈 주륑쓰 밀크 에브뤼 모r닝.

10 위 크롸쓰 더 로우드 웬 더 추래픽 라잇 이즈 그륀.

11 플리즈 콜 미 어겐 레이러r.

12 마이 그랜마더r 토울- 미 언 오울- 테일.

13 아이 앰 낫 슈어r 어바웃 투모로우즈 웨더r.

14 위 메이러 스노우맨 아우럽 스노우.

15 댓 로이어r 노우즈 얼라러바웃 더 로-.

★ 밑줄 프 = f , 르 = r , 브 = v 발음 표기

01 피쁠 캐앤(트) 리브 위다웃 에어r 이븐 포r 어 퓨 미닛츠.

02 마이 클로우즈 아r 올 디퍼뤈- 싸이지즈.

03 위 케뤼- 더 헤비 박쓰 투게더r.

04 아이 원투 바이 어 나이쓰 카r.

05 민수 밧 투 북쓰 앳 더 북스또어r.

06 히 플랜팃 쓰뤼 추뤼즈 인 더 가r든.

07 데어r 아r 먼데이즈, 튜즈데이즈, 앤 웬즈데이즈.

08 디쓰 이어r즈 썸머r 베이케이션 이즐 롱.

09 아이 캐앤(트) 메저r 더 뎁쓰 어버 딥 레이크.

10 쉬 이즈 웨어륑 어 캡 비커우즈 어브 더 썬라잇.

11 히 캔 인추로듀쓰 힘쎌프 인 잉글리쉬.

12 댓 이즈 어 빅, 테이쓰티 앤 췹- 워러r멜런.

13 더 맨 헬- 더 워먼즈 핸드.

14 히 미츠 허r 원써 먼쓰.

15 도운(트) 샤우린 클래쓰.

01 에인줠쓰 해브 와잇 윙즈.

02 쉬 풋 더 푸드 온 더 테이블.

03 아이 라익 모우러r싸이클즈 베러r 댄 카r즈.

04 더 주래근플라이즈 윙즈 아r 베뤼 띤.

05 히 워즈 앱센트 앳 스쿨 퍼r 어 위크.

06 피쁠 아r 씨링 온 더 벤취즈 앳 더 파r크.

07 히 이즈 더 캡튼 어브 디쓰 빅 쉽.

08 도운(트) 슬립 온 더 코울드 플로어r.

09 히 뤳 더 북 이너 써프트 보이쓰.

10 쉬 커버r드 허r 마우쓰 웬 쉬 라-프트.

11 더 썬 로우즈 어보브 더 하이 마운튼.

12 두 워츄 뤼을리 원 투 두.

13 하우 디쥬 겟 댓 인포r메이션?

14 쉬 어롸이브드 호움 어r리어r 댄 유주을.

15 플리즈 깁미 어 글래쓰 어브 코울드 워러r.

★ 밑줄 프 = f , 르 = r , 브 = v 발음 표기

01 쉬 에이러 들리셔쓰 디너r.

02 쉬 햇- 굿 럭 온 허r 매쓰 테스트.

03 히 힛 더 추뤼 윗 히즈 카r.

04 아이 스추럭 더 베이쓰볼 윗 더 뱃.

05 데어r 아r 얼라럽 아이럼쓰 인 디- 쓰또어r.

06 컴 호움 바이 파이브 피엠 투데이.

07 더 티처r 로웃 더 네임 위쓰 촉-.

08 어 핑크 피-취 이즈 어 들리셔쓰 프룻.

09 어 그루뻡 프록-쓰 아r 크롸잉 인 더 판-드.

10 더 옐로우 버내나 이즈 뤼을리 테이스티.

11 댓 띠프 해즈 투 고우 투 프뤼즌.

12 아이 풋 더 데스크 앤 더 췌어r 인 더 리빙 룸.

13 도운(트) 포r겟 유어r 엄브뤨라 오너 뤠이니 데이.

14 데어r 이즈 온리 원 리-프 레프트 온 더 추뤼.

15 위 샛 다운 앳 더 테이블 투 해브 브뤡퍼스트.

01 히 엑썰싸이지즈 에브뤼데이 투 스떼이 헬띠.

02 더 펄리-쓰맨 컷- 더 띠프 예스터r데이.

03 쉬 러브즈 허r 맘 앤 대-드.

04 아이 햇 비프 퍼r 디너r.

05 쉬 로우즈 프럼 더 췌어r 투 리-브.

06 더 허r더브 고웃츠 아r 그뤠이징 온 더 그래쓰 인 더 필드.

07 도운(트) 비 익싸이팃 에니모어r 앤 스떼이 캄-.

08 마이 버r쓰데이 이즈 넥스(트) 먼쓰.

09 아이 쇼우딤 어나더r 쌤플.

10 더 프륀쎄쓰 에이러 포이즌 대-플.

11 쉬 밧- 미-트 앤 베쥐터블즈 앳 더 스또어r.

12 더 빅- 롹 로울 다운 더 마운튼.

13 아이 이러 버롸이어리 업 푸- 투 스떼이 헬띠.

14 히 테이스팃 더 프뤠쉴리 베익트 브뤠드.

15 컬러r플 플라워r즈 아r 블루밍 인 더 가r든.

★ 밑줄 프 = f , 르 = r , 브 = v 발음 표기

01 더 쎄븐 주워r프쓰 리브 이너 리를 하우쓰.

02 올 디 액떠r쓰 인 더 무비 아r 페이머쓰.

03 레잇리, 아임 비지 비커우즈 어브 마이 비즈니스.

04 마이 주륌 이즈 투 추래블 인투 쓰뻬이스.

05 아워r 팀 러-스- 더 싸커r 게임.

06 더 투 하우지즈 해브 시믈러r 쉐입쓰.

07 더 킹 앤 더 쿠윈 리브 투게더r 인 더 캐슬.

08 디 어r쓰쿠웍 스추롱리 슉 더 하우쓰.

09 마이 그랜파더r 이즈 터r닝 나이니 이어r즈 오울 디쓰 이어r.

10 프럼 나우 온, 필 프뤼 투 애슥 에니 쿠에스천즈.

11 마이 맘 웍 미 업 디쓰 모r닝.

12 더 컴뻐니 해즈 세러뻐 뉴 오피쓰.

13 더 크로우 이저 컴플릿리 블랙 버r드.

14 어 씽어r 이즈 썸원 후 씽즈 웰.

15 아이 췍트 마이 수웃케이쓰 비퍼r 아이 레프트.

01 더 프록-쓰 올 점-트 오우버r 더 워러r 투게더r.

02 위 프롸미쓰- 투 미리취 아더r 어겐 레이러r.

03 더 스삐럽 카r즈 이즈 베뤼 슬로우 이너 씨티.

04 히 웬투 더 스떼이디엄 투 왓취 풋볼.

05 어 베이쓰볼 매-취 윌 비 헬드 인 부산 디쓰 위크.

06 위 리러 캔들 비커우즈 어브 더 블래까웃.

07 아임 세링업 플랜즈 퍼r 베이케이션.

08 인 스쁘륑, 더 클라이맷 이즈 올웨이즈 웜.

09 원 센추뤼 민즈 원 헌주뤳 이어r즈.

10 디쓰 데저r트 이즈 풀럽 샌드.

11 히 콜(드) 더 키즈 윗더 위슬.

12 더 쉐도우 어브 더 추뤼 이즈 메잇 바이 썬라잇.

13 팩추뤼즈 해브 메니 머쉰즈.

14 마이 페런츠 아r 베뤼 프롸우럽 미.

15 더 썬 이(즈) 샤이닝 인 더 스까이.

★ 밑줄 프 = f , 르 = r , 브 = v 발음 표기

영어듣기 완성 100일

데이 9-1

01 히 유지즈 어 스뿐 앤 촵스띡쓰 웰.

02 쉬 카운팃 더 넘버r쓰 바이 쎄잉 원, 투, 쓰뤼.

03 더 춰r취 벨 륑즈 온 썬데이즈.

04 유 니러 패스포어r- 투 추래블 어브롸-드.

05 더 스낵 커-스츠 투 따우전- 원.

06 히 뤼을리 원츠 투 미러r.

07 더 월페이뻐r 이즈 메이드 아우럽 씸플 패-턴쓰.

08 줴니 이즈 올쏘우 앱쓴 투데이 비커우즈 쉬 이(즈) 씩.

09 휴먼즈 아r 메이럽 플래쉬 앤 보운.

10 더 췰주륀 아r 플레잉 윗 데어r 토이쓰.

11 피쁠 애슥트 미 얼라럽 쿠에스천쓰.

12 턴 더 도어r 핸들 투 더 롸잇.

13 수쥐 이스뻬셜리 워r 어롱 스꺼r트 퍼r 투데이.

14 아워r 페믈리 디바이딧 더 랜드 이꾸얼리.

15 어 파이어r 파이러r 뤠스뀨(드) 더 좌일드 프럼 더 파이어r.

데이 9-2

01 히 더즌(트) 노우 더 뤼얼 밸류 어브 써r버쓰.

02 쉬 필즈 타이어r드 앳 나잇.

03 쉬 컬렉띳 원 밀리언 원 이너 이어r.

04 쉬 비지릿 허r 엉클 인 어메뤼카.

05 스뻬이쓰 이즈 비거r 앤 브롸-더r 댄 어r쓰.

06 더 핏쳐r 앤 더 캣쳐r 아r 플레잉 베이쓰볼.

07 위 캔 미-러겐 넥쓰 타임.

08 도운(트) 터취 유어r 노우즈 윗 듀어r 더r티 핸즈.

09 히 캔 이븐 스윔 인 디 오우션.

10 민수 워즈 컴플릿-리 웻 프럼 더 써든 샤워r.

11 더 좝쓰 인 더 퓨쳐r 윌 디퍼r 프럼 도우즈 인 더 프레즌트.

12 더 투 베이비즈 뤼을리 루껄랏 라익 이치 아더r.

13 웨어r 어 뤠인코웃 비커우즈 잇츠 뤠이닝 아웃싸이드.

14 위 왓취 티븨 인 더 리빙 룸.

15 아이 니던 엠티 박스 퍼r 어 프뤠즌트.

★ 밑줄 프 = f , 르 = r , 브 = v 발음 표기

01 쉬즈 프뤠씽 더 텔러포운 넘버r즈.

02 히 유즈을리 웨어r즈 쇼얼r- 팬츠 인 더 써머r.

03 아이 캐앤(트) 두 마이 호움워r크 위다우러 펜쓸.

04 쉬 웬(트) 어브롸드 포r 비즈니쓰.

05 아이 디싸이릿 투 웨이껍 어얼r리 인 더 모r닝.

06 더 뉴 네이버r 룩쓰 라이껀 액추레쓰.

07 더 보이즈 앤 걸즈 메이러 써r클 투게더r.

08 쉬 블리브즈 댓 갓 익지스츠.

09 잇츠 데인저뤄스 투 이그노어r 추래픽 싸인즈.

10 어 스멀 마우쓰 엔터r드 인투 더 스멀 호울.

11 히 빌트 어 타워r 윗 빅 스또운즈.

12 아이 해러 굿 타임 윗 마이 네이버r즈.

13 쉬 허r더 스추뤠인쥐 싸운드 인 더 베주룸.

14 잇츠 어 추루 팩트 댓 히 이즈 어 프륀쓰.

15 더 투 피쁠 갓 메뤼 댓 처r취.

01 히 메이러 호울 인 더 하r드 뢐.

02 아이 갓 더 좝 인포r메이션 프럼 민수.

03 히 디른(트) 앤써r 허r 쿠에스천.

04 어 버r닝 스멜 케임 프럼 더 킷췬.

05 아이 겟 취어r플 웬 프롸이데이 컴저롸운드.

06 웬 쉬 이(즈) 새-드, 쉬 리쓴즈 투 펀 뮤직.

07 히 이즈 언 아니스트 앤 페이쓰플 맨.

08 아이 필덥 더 바를 윗 쿨 워러r.

09 쉬 이즈 어바웃 투 어플라이 포r 더 씽잉 컨테스트.

10 히 이즈 언 어메뤼컨 맨 프럼 어메뤼카.

11 쉬 더즌(트) 블리브 인 헤븐 오r 헬.

12 더 씨티 빌- 더 스떼이디엄 포r 더 매-취.

13 더 뤠빗 앤 더 터r들 스따r릿 투 뤈.

14 디쓰 북 텔쓰 더 스또뤼 어브 쓰뤼 나잇츠.

15 더 맨 앤 더 워먼 아r 루킹 앳 이치 아더r.

★ 밑줄 프 = f , 르 = r , 브 = v 발음 표기

MP3 파일은
큐알코드 또는http://reurl.kr/2C85369ZP 에서
다운로드 가능합니다.

파트

와리즈 더 뤼즌
유 스떠디 잉글리쉬?

아이 원투 추래블 어롸운- 더
워ㄹ을드 바이 마이쎌프.

싸운즈 그레잇!

01 히즈 추롸잉 투 믹쓰 오일 위쓰 워러r.

02 더 싸이- 디쉬즈 포r 런취 워r 투 썰티.

03 아이 올웨이즈 게럴롱 위쓰 마이 브롸더r.

04 위 푸쉬- 더 롹 위드 올러브 아워r 파워r.

05 히 해즈 어 굿 다-러r 앤 더 굿 썬.

06 더 미를 스쿨 스튜든츠 아r 더 쎄임 에이쥐.

07 데이 로우- 데이r 바이씨클즈 얼롱 더 뤼버r.

08 쉬 원 더 싱잉 컨테스트 예스떠r데이.

09 히- 스뻬-취 해러 파워r플 포어r쓰.

10 아이 풋 코인즈 인 마이 피기 뱅크 에브뤼데이.

11 쉬 워즈 올 웻 비커우즈 어브 더 샤워r.

12 더 팍쓰 이즈 노운 투 비 어 스마r트 애니멀.

13 아이 딧 마이 호움워r크 윗 마이 프뤤드.

14 히 커버r드 히즈 이어r즈 비커우즈 어브 더 노이지 싸운드.

15 아이 유즈 어 룰러r 투 메저r 렝쓰.

01 데어r 아r 메니 카인즈 업 피쉬 인 더 씨-.

02 아이 원- 썸띵 핫 투 주륑(크).

03 쉬 이즈 프뤤들리 투 푸어r 피쁠.

04 데어r 아r 포어r 시-즌즈 이너 이어r 인 코뤼아.

05 히 윌 비컴 어 파일럿 썸데이.

06 언 엘러펀트 해 절 롱 노우즈.

07 더 썰티 푸드 메잇 미 떠r스티.

08 히 왓취 더 호러r 무비 라슷 나잇.

09 스프륑클 썰트 온 더 프롸이드 에그.

10 렛츠 웰컴 아워r 뉴 멤버r 투 더 미링.

11 히 센터 레러r 투 더 프뤠지든트.

12 어 쥐래프 이즈 언 애니멀 위덜 롱 넥.

13 더 스톰 바이런-리 롹- 더 쉽.

14 더 킹 콜- 더 프륀쓰 앤 더 프륀쎄쓰.

15 더 뤠빗 로스트 히즈 뤠이쓰 윗 더 터r들.

★ 밑줄 프 = f , 르 = r , 브 = v 발음 표기

01 아이 도운(트) 노우 윗 허r 줴스처r 민즈.

02 더 스따r즈 아r 샤이닝 인 더 다r크 스까이.

03 더 윗취 턴- 더 펌킨 인투 어 캐뤼쥐.

04 마이 네임 이즈 더 쎄임 애저 페이머스 액추레쓰.

05 히 플레이드 파이어r워r(크)쓰 온 더 힐.

06 아이 게이브 해-프 어브 마이 피-취 투 마이 프뤤드.

07 쉬 뤠더 뤼포r트 어바웃 스뻬이쓰.

08 더 베이비즈 아r 크롸잉 인 데어r 크뤠이들즈.

09 더 클라운 메잇 미 라-프.

10 히 사일런-리 스뜻- 온 허r 레프트 싸이드.

11 아이 올웨이즈 해브 런취 앳 디쓰 뤠스추뤈트.

12 위 해브 투 노우 코뤼언 히스토뤼 웰.

13 브뤠드 이즈 어 메인 푸드 퍼r 어메뤼컨즈.

14 허r 보이쓰 이즈 써프- 투 리쓴 투.

15 렛츠 밋- 히어r 어겐 투모로우.

01 이퓨 메이꺼 턴 앳 더 코r너r, 유일 씨 더 하우쓰.

02 잇 이즈 써니 앤 웜 투데이.

03 일레븐 싸커r 플레이어r즈 아r 플레잉 싸커r.

04 고울드 앤 실버r 인 더 박스 아r 마인.

05 쉬 레이더 띤 맷 온 더 플로어r.

06 히 원츠 투 게러 베러r 스코어r 온 더 테스트.

07 더 카r펜터r 픽스- 더 브로끈 루프 예스떠r데이.

08 더 모러r싸이클 스땁트 인 프론트 어브 더 뤨- 라잇.

09 아이 윌 네버r 라이 어겐.

10 위 핻 크랩- 포r 써퍼r.

11 유 캔 씨 애니멀즈 앳 더 주.

12 잇츠 마이 폴- 댓 더 윈도우 브로우크.

13 히 게이브 허r 어 씽글 로우즈.

14 에브뤼데이, 쉬 메모롸이지즈 잉글리쉬 워r즈.

15 더 쥐래-프 해 저 롱 넥 앤 롱 렉-즈.

★ 밑줄 프 = f , 르 = r , 브 = v 발음 표기

01 위 엔터r드 스쿨 앳 더 쎄임 에이쥐.

02 더 폴-리쓰 아피써r 이즈 컨추롤링 더 추래픽 라잇츠.

03 히 원츠 미 투 스떠디 하r드.

04 아이 해버 배-드 메모뤼 프럼 더 패-스트.

05 위 뤠이즈 카우즈, 픽-즈 앤 취낀즈 앳 호움.

06 마이 다-러r즈 좝 이즈 어 너r스.

07 댓 템쁠 이즈 베뤼 파러웨이 프럼 아워r 하우스.

08 메니 쉽- 스떼이 앳 더 포r트.

09 비커우즈 잇 뤠인드, 쉬 스떼이댓 호움.

10 히 스떠디즈 와일 리쓰닝 투 뮤직.

11 위 디바이딛 더 핏짜 인투 씩쓰 피쎄즈.

12 아이 뤼을리 니잇 히즈 어드바이쓰.

13 어 와이즈 오울- 맨 스뽀우꺼바웃 위즈듬.

14 수쥐 이즈 낫 굿 앳 유징 어 스뿐 앤 찹-스띡스.

15 아이 윌 팔로우 히즈 어드바이쓰.

01 디 앤츠 아r 패-씽 더 로우드.

02 나주 이즈 페이머쓰 포r 잇츠 들리쉬어쓰 페어r즈.

03 쉬 케임 인 애프터r 유 레프트.

04 아이 원투 주룅크 코울드 주-쓰.

05 더 컴패-쓰 니들 워즈 포인팅 노r쓰.

06 더 캣 이즈 췌이씽 더 덕.

07 위 세럽 더 텐트 온 더 그래-쓰.

08 히 런드 하우 투 플레이 발-리볼 라스(트) 윈터r.

09 도운(트) 워뤼 투 머취 어바웃 더 넥스- 매-취.

10 아워r 플라잇 리브즈 이넌 아워r.

11 마이 엉끌 이즈 마이 클로우지스트 뤨러티브.

12 와이 두 유 라익 베이쓰볼 모어r 댄 싸커r?

13 데어r 아r 베뤼어스 카인접 피쉬 리빙 인 디 오우션.

14 히 더즌(트) 노우 더 디피컬티 어브 씨틸 라이프.

15 쉬 이즈 스틸 뤼딩 어 북 인 더 라이브뤠뤼.

★ 밑줄 프 = f , 르 = r , 브 = v 발음 표기

01 히 스뻰트 얼 로운리 타임 인 더 마운튼즈.

02 민수 올웨이즈 액츠 라이꺼 베이비.

03 더 스빠이더r 잇츠 더 인섹츠 온 더 웹.

04 이퓨 리쓴 투 더 뤼얼 스또뤼, 유일 비 서r프롸이즈드.

05 더 썬 롸이지즈 인 더 이스트 앤 셋츠 인 더 웨스트.

06 데어r 이즈 어 파인 추뤼 온 더 마인튼 피-크.

07 와쉬 유어r 더r티 핸즈 비포r 이링 유어r 미-을.

08 어 버롸이어티 어브 애니멀즈 리브 인 더 주.

09 아이 노우 왓 디- 쎈텐쓰 민즈.

10 마이 하비 이즈 컬렉팅 코인즈.

11 쉬 뤼씨브- 더 노우벨 피-쓰 프롸이즈 디쓰 이어r.

12 더 스모우크 이즈 커밍 아웃 어브 더 췸니.

13 마이 니-쓰 러브즈 오울- 스또뤼즈.

14 허r 페이쓰 이즈 롸운드 앤 허r 헤어r 이즐 롱.

15 히 뤈즈 포r 어 스추롱 하r트.

데이 14-2

01 데어r 아r 쎄븐 췌어r즈 어롸운- 더 테이블.

02 디쓰 이즈 언 어뮤즈멘(트) 파r크 포r 키즈.

03 더 크랩 해즈 투 빅 프론틀 레그쓰.

04 잇 이즈 내추뤌 투 필 슬리삐 앳 나잇.

05 히 게입 미 어 굿 췐스.

06 아이 워즈 영 앤 풀리쉬 백 덴.

07 쉬 가러 췌껍 비커우즈 쉬 워즈 베뤼 일.

08 히 이즈 굿 앳 스위밍 인 더 풀.

09 위 오-픈 고우 투 더 뮤지엄 투 루꺼롸운드.

10 온리 쓰뤼 피쁠 케임 투 더 버r쓰데이 파r티.

11 히 엑쓰플레인즈 디피컬트 프롸블럼즈 이즐리.

12 더 브래이브 폴리-쓰맨 캇- 더 띠프.

13 아임 추롸잉 투 캣취 업 투 헐.

14 히 플랜팃 더 뤳 로우즈 온 더 펜쓰.

15 쉬 이즈 컬렉팅 포-륀 달즈.

★ 밑줄 프 = f , 르 = r , 브 = v 발음 표기

01 마이 엉끌 이즈 어 쿠아이엇 앤 젠틀 맨.

02 샤r프 나이브즈 아r 베뤼 데인저뤄쓰 포r 췰드뤈.

03 마이 페믈리 썸타임즈 고우즈 아웃 포r 미-을즈.

04 더 카r즈 스삐드 킵쓰 인크뤼-씽.

05 잇 워- 쏘우 다r크 앤 클라우디 예스떠r데이 애프터r눈.

06 더 줸틀맨 해즈 어 햇 앤더 케인.

07 히 스떼이드 호움 주륑 히즐 롱 베이케이션.

08 더 패런츠 워r 익싸이릿 앳 더 베이비즈 퍼r스트 스뗍스.

09 마이 댇- 이즈 어 파이어r 파이러r.

10 더 추뤠인 리브즈 앳 쎄븐 인 더 모r닝 온 더 넥스- 데이.

11 데어r 이즈 어 베엣 앤 투 췌어r즈 인 디쓰 룸.

12 디 앤츠 팔로우- 더 쿠윈 앤트.

13 더 걸 이즈 호울딩 어 옐로우 벌룬 인 헐 핸드.

14 더 디퍼뤈쓰 비트윈 더 투 펜쓸즈 이즈 더 프롸이쓰.

15 에브뤼 컨추뤼 해즈 얼 랜드 앤 피쁠.

01 히 헬프- 더 씩 맨 크로-쓰 더 스추륏.

02 디쓰 띵 히어r 이즈 유어r즈.

03 디쓰 매-취 이즈 언 임포r튼 췐쓰 포r 미.

04 쉬 들리릿 히즈 네임 프럼 허r 리스트.

05 아이 췍- 더 데잇 온 더 밀크 카r튼.

06 어 쿨 브뤼즈 이즈 블로윙 프럼 더 팬.

07 데어r 아r 랏쩌브 펀 이벤츠 온 위켄즈.

08 피쁠 아r 리쓰닝 투 뮤직 앳 더 컨써r트.

09 도운- 토-꺼바웃 더 액씨든(트) 에니모어r.

10 윌 로스트 아워r 웨이 인 더 스추뤠인쥐 우즈.

11 히즈 바운씽 더 볼 온 더 플레이그롸운드.

12 더 영 맨 쎄이브- 더 보이 인 더 뤼버r.

13 마이 댄- 썸타임즈 왓취즈 더 나인 오클락 뉴스.

14 히 얼라우(드) 미 투 유즈 히즈 카r.

15 웟데이 이즈 잇 투데이? 잇츠 튜즈데이.

★ 밑줄 프 = f, 르 = r, 브 = v 발음 표기

01 어 서브웨이 이즈 어 추뤠인 댓 고우즈 언더r그롸운드.

02 아이 호웁 투 썩씨드 인 디쓰 익쓰뻬뤼멘트.

03 댓 스또어r 이즈 페이머쓰 포r 잇츠 쿠윅 들리버뤼.

04 터r키 이즈 더 메인 디쉬 온 땡쓰기빙 데이.

05 아이 워즐 레잇 비커우즈 아이 미쓰- 더 버쓰.

06 두 유 언더r스땐드 워라이 민? 예(쓰), 써r.

07 디 엄브뤨라 프로텍츠 허r 프럼 더 뤠인.

08 히 해즈 얼뤠리 레프- 더 컴뻐니.

09 어 그루뻡 피쁠 개더r드 인 더 룸.

10 데어r 이즈 어 띠에러r 앤더 라이브뤠뤼 니어r 마이 하우쓰.

11 허r 페인팅즈 앤- 스컬업처r즈 아r 원더r플.

12 더 박쓰 이즈 쏘우 헤비 대러 촤일드 캐앤(트)리프 팃.

13 더 레이리 이즈 크롸-씽 더 스추륏 바이 허r쎌프.

14 아이 워즈 글랫 투 씨 힘 어겐.

15 '네이처r' 이즈 어 메거진 포r 싸이언티스츠.

01 아이 디른(트) 헤브 디 인텐션 툴 라이 투 더 줘쥐.

02 렛츠 쉐익 핸즈 앤 쎄이 굿 바이.

03 가이- 독-즈 헬프 블라인- 피쁠.

04 쉬 쌧 인 더 프론- 씨잇 어브 더 클래쓰룸.

05 힐 라익쓰 미잇 모어r 댄 베쥐터블즈.

06 도운(트) 디쓰터r브 더 슬리핑 라이언.

07 보우쓰 히즈 렉-즈 앤 암즈 아r 컴플릿리 웻.

08 히 써r브- 투 이어r즈 인 디 아r미.

09 마이 엉클 앤 앤트 아r 언 어썸 커쁠.

10 쉬 메잇 버블즈 윗 쏘웁.

11 메니 솔저r쓰 다이드 인 더 워r.

12 아이 워즈 베뤌 레잇 포r 마이 어포인(트)멘트 윗 더r.

13 룩 보우쓰 웨이즈 비포r 크로-씽 더 스추뤼.

14 데이 햇 더 베이쓰볼 매-취 앳 더 스떼이디엄.

15 허r 립쓰 아r 퍼r쁠 비커우즈 어브 더 코울드.

★ 밑줄 프 = f , 르 = r , 브 = v 발음 표기

01 플리즈 렛 미 유즈 유어r 카r.

02 아일 리쓴 투 잉글리쉬 브롸드캐스팅 에브뤼데이.

03 더 북쓰 온 더 쉘프 펠 온 더 플로어r.

04 더 쎄컨(드) 쎄미스떠r 스따r츠 인 어거스트 인 코뤼아.

05 더 줸틀맨 캡(트) 히즈 매너r즈 윗 더 레이리.

06 쉬 푸러 커쁠 어브 로우지즈 인 더 베이스.

07 마이 그랜마더r 토울 더써 추래디셔늘 페어뤼 테일.

08 아이 원투 잇 투 번취즈 어브 스추롸베뤼즈.

09 더 티처r 이즈 롸이링 인 잉글리쉬 온 더 블랙보r드.

10 쉬 행즈 허r 클로우즈 인 더 클라젯.

11 더 너r쓰 이즈 루킹 애프터r 더 씩 키잇.

12 히 디잇 히즈 히쓰토뤼 호움워r크 인 히즈 노웃북.

13 아이 오우쁜- 더 버튼즈 온 마이 셔r트.

14 더 플로어r 어브 디쓰 룸 이즈 메이럽 워드.

15 더 커-쓰트 어블 리빙 이즈 하이어r 인 토우쿄우 댄 인 써울.

01 쉬 웨이릿 포r 허r 씨스터r 앳 더 에어r포r트.

02 더 웨더r 투데이 이즈 투 밷- 투 플레이 베이쓰볼.

03 힐 리쓴즈 웰 투 아더r 피쁠즈 어피니언즈.

04 아이 원투 추래블 어롸운- 더 워r을드 바이 마이쎌프.

05 뤠이즈 유어r 핸드 이퓨 해브 에니 쿠에스천즈.

06 아이 킥- 더 싸커r 볼 하r드 인투 더 고울.

07 더 워러r 워즈 폴-링 프럼 더 워러r폴.-

08 아이 엠 타이어r드 비커우즈 어브 하r드 워r크.

09 쉬 런드 잉글리쉬 프럼 더 써r드 그뤠이드.

10 히 쿠른(트) 슬립 비커우즈 어브 더 노이즈.

11 더 프륀쓰 다이브드 인투 더 워러r 투 쎄이브 더 프륀쎄스.

12 아이 풋 글루 온투 더 엔블로웁.

13 더 캣 이즈 케어r플리 췌이씽 더 마우쓰.

14 예스떠r데이즈 파r티 워즈 풀러브 펀.

15 워러r멜론 이즈 어 프룻 대라일 라익.

★ 밑줄 프 = f , 르 = r , 브 = v 발음 표기

01 허r 허즈밴드 러브즈 췰드뤈.

02 아워r 뤠프뤼쥐뤠이터r 이즈 풀럽 프룻.

03 아이 워(즈) 서r프롸이즈드 앳 허r 스추뤠인쥐 쿠에스천.

04 더 패-쓰트 뤠빗 러스- 투 더 슬로우 터r틀.

05 히 인바이릿 메니 게쓰츠 투 더 파r티.

06 디쓰 이어r 아이 메턴 엑쎌런(트) 티처r.

07 히 카삐(트) 더 클라운즈 비헤이비어r.

08 아이 룩트 앳 더 마운튼즈 뜨루 더 텔레스꼬웁.

09 이즈 디쓰 유어r 퍼r쓰트 비짓 투 코뤼아?

10 히 와입트 히즈 웻 핸드 오너 타월.

11 더 영 걸 이즈 두잉 어 프뤠즌테이션 온 스떼이쥐.

12 아이 펠 러슬립 비커우즈 더 무비 워즈 보륑.

13 디쓰 뤠스추뤈트 이즈 페이머쓰 포r 잇츠 피쉬 디쉬즈.

14 히 이즈 나우 뤠디 포r 히즈 매쓰 테스트.

15 쉬 프뤠이즈 포r 워r을드 피-쓰.

01 더 클라운 이즈 블로윙 어 벌룬 온 더 호r쓰.

02 더 폴리-쓰 타이- 더 띠프쓰 핸즈 앤 핏.

03 더 킹 앤 더 쿠윈 리브 인 더 킹덤.

04 더 라바 턴즈 인투 어 버러r플라이 레이러r.

05 히 렙떠와이어r 어롸운(드) 더 스띡.

06 쉬 바-러 취낀 앤 더 구-쓰 앳 더 마r켓.

07 아이 워즈 보r드 어브 히- 스삐취.

08 더 비-즈 아r 컬렉팅 허니 프럼 더 플라워r즈.

09 더 프륀쓰 이즈 루킹 포r 더 오우너r 어브 더 슈즈.

10 히 이즈 플레잉 발리볼 인 더 쥠.

11 고우 투 더 배쓰룸 앤 와쉬 유어r 더r디 핏.

12 쉬 툭 메리쓴 포r 허r 헤데익.

13 위 해브 투 헬프 더 윅 피쁠.

14 아이 게이브 마이 썬 어 토이 애저 버r쓰데이 기프트.

15 마이 파더r 이즈 메이킹 쑤웁 인 더 키췬.

★ 밑줄 프 = f , 르 = r , 브 = v 발음 표기

01 민수 이즈 어 원더r플 싸커r 플레이어r.

02 쉬 풋 더 노웃북 앤 더 북 온 허r 데스크.

03 데어r즈 어 펀 무비 댓 피-처r즈 터r들즈.

04 캔 유 패쓰 미 더 썰트 오우버r 데어r?

05 브뤠이브 피쁠 아r 낫 어프뤠이드 어브 만스떠r쓰.

06 히 로우드 히즈 바익 얼롱 더 뤼버r 예스떠r데이.

07 쉬 밧- 미이-탠 베쥐터블즈 앳 더 마r켓.

08 히 브롯- 히즈 와이프 앤 썬 투 더 파r디.

09 아이 무브드 프럼 더 씨티 투 더 타운.

10 디 오쓰추뤼취 이즈 더 비게스트 버r드 인 더 워r을드.

11 민수 주루 더 픽쳐r 온 더 월.

12 더 컴뻐니 얼쏘우 기브즈 아퍼r튜너리즈 투 오울(드) 피쁠.

13 데이 워r 사일런(트) 주륑 더 콘서r트.

14 더 카r펜터r 이즈 픽씽 더 루프 윗 더 툴즈.

15 데어r 이즈 어 그로우써뤼 스또어r 아뻐짓 더 퍼r머씨.

01 쉴 러스트 허r 슈 와일 뤄닝.

02 히 뤠이지즈 카우즈 앤 피그즈 온 더 팜.

03 쉬 이즈 마이 커즌 후 리브즈 인 더 컨추뤼싸이드.

04 위 툭 더 라스(트) 버쓰 호움.

05 백 덴 아이 워즈 어 하이스쿨 스튜든트.

06 아이 센트 언 아팔러줴릭 레러r 투 마이 프렌드.

07 쉬 윌 뤼턴 투 디 유나이릿 스떼이츠 넥쓰트 이어r.

08 바이씨클즈 해브 투 윌즈.

09 테이블 테니쓰 볼즈 아r 스몰 앤 라잇(트).

10 더 줴너뤌 어피니언 어브 디쓰 주로윙 이즈 굿.

11 쉬 이즈 나 러프레이- 투 페일.

12 더 마더r 밧- 썸 캔디 포r 허r 키잇.

13 쉬 이즈 피킹 아웃 썸 퍼테이로우즈 앳 더 마r켓.

14 유 해브 투 비 케어r플 웬 유징 어 캔들.

15 히 썸타임즈 롸이즈 더 추뤠인 오r 더 써브웨이.

★ 밑줄 프 = f , 르 = r , 브 = v 발음 표기

01 워리즈 유어r 네임 앤 애주뤠쓰?

02 어니언즈 해브 어 스추롱 테이스트 앤 스멜.

03 더 썬 이즈 샤이닝 인 더 클리어r 스까이.

04 히 페이드 포r 더 푸드 위쓰 캐쉬.

05 쉬 크로쓰- 더 뤼버r 바이 보웃.

06 어 뤠인보우 어피어r드 인 더 스까이 애프터r 잇 뤠인드.

07 히 오-픈 컨퓨지즈 레프트 앤 롸잇.

08 더 파이어r파이러r즈 추롸이- 데어r 베스- 투 풋 아웃 더 파이어r.

09 데어r 이즈 어 와잇 클라우드 인 더 블루 스까이.

10 아이 풋 더 퍼테이로우즈 앤 어니언즈 인 더 배스킷.

11 쉬 해- 런 애-쁠 파이 포r 디저r트.

12 히쓰토뤼 이즈 어 디피컬트 써브쉑트 포r 미.

13 더 머쥐션 쇼우- 더 췰드뤈 매쥑.

14 더 넘버r 어브 포-뤼너r즈 비지링 코뤼아 이즈 인크뤼씽.

15 썸 애니멀즈 캔 췌인쥐 더 컬러r 어브 데어r 바디즈.

데이 20-2

01 민수 이즈 어 카인드 앤 웜-하r릿 퍼r쓴.

02 더 닥터r 이즈 큐어륑 씩 피쁠.

03 네이처r 이즈 어 추뤠저r 투 얼러버쓰.

04 더 썬라잇 메잇 마이 팬츠 주롸이.

05 슈거r 앤 썰트 멜트 웰 인 워러r.

06 위 어롸이브드 앳 더 팰러스 웨어r 더 쿠윈 리브드.

07 히 이즈 러r닝 매쓰 프럼 히즈 오울더r 브롸더r.

08 싸이언쓰 이즈 마이 페이버륏 써브젝트.

09 쉬 이즈 더 마더r 어브 쓰뤼 췰드뤈.

10 더 폴리-쓰 카r 클로우슬리 췌이스- 더 롸버r.

11 히 해즈 어 버롸이어리 어브 피쉬 인 히즈 피쉬보울.

12 쉬 익쓰플레인드 허r 포인- 투 더 피쁠.

13 히 그로우쓰 콘 앤 포테이로우즈 온 더 팜.

14 아이 페인팃 더 싸이드 어브 더 펜쓰 와잇.

15 쉬 픗 오너 고울드 륑 온 헐 핑거r.

★ 밑줄 프 = f , 르 = r , 브 = v 발음 표기

MP3 파일은
큐알코드 또는http://reurl.kr/2C85369ZP 에서
다운로드 가능합니다.

파트

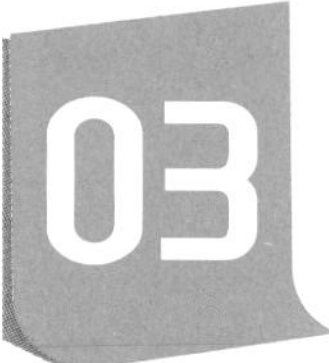
03

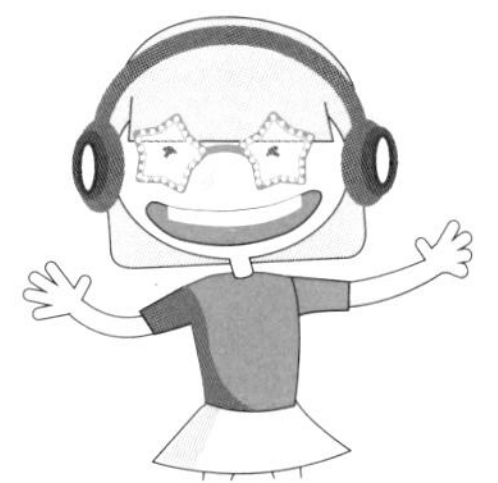
와리즈 더 뤼즌
유 스떠디 잉글리쉬?

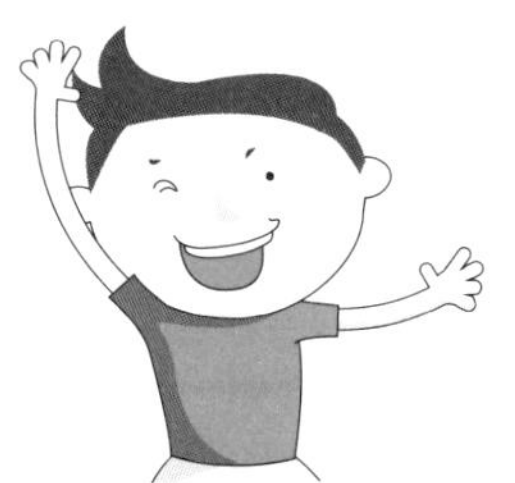
아이 원투 추래블 어롸운- 더
워ㅏ을드 바이 마이쎌프.

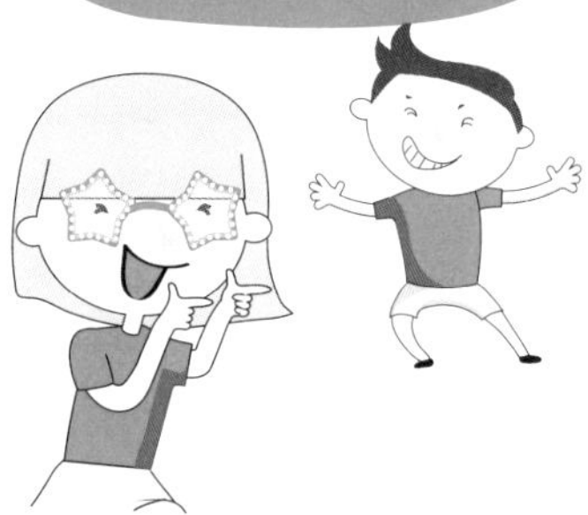
싸운즈 그레잇!

01 더 해프 어브 원 이어r 이즈 씩쓰 먼쓰.

02 아이 클린드 마이 뉴 슈즈 윗 떠 브뤄쉬.

03 히 프뤼페어r드 푸드 포r 더 피크닉.

04 낙 퍼r쓰트 비포r 유 오우쁜 더 도어r.

05 아이 주루 어 써r클 윗 떠 코인.

06 눈 민즈 트웰브 어클락.

07 어 쿠워r러r 어번 아워r 이즈 이쿠얼 투 피프틴 미니츠.

08 히 쇼우- 더 다이너쏘어r 덜 투 더 췰드뤈.

09 고우 인싸이- 더 하우쓰 앤 웨잇 포r 어 모우멘트.

10 스프륑 이즈 더 씨즌 댓 아일 라익 더 모우스트.

11 데어r 이즈 어 베이커뤼 어크롸쓰 더 스추륏.

12 디 엔쥐니어r 이즈 픽씽 더 브로끈 머쉰.

13 아이 워- 쏘우 쏘뤼 투 빌 레잇 포r 마이 어포인(트)멘트.

14 히 포r갓 툴 락 더 게잇.

15 히 디싸이륏 투 프로포우즈 투 허r.

01 씩 피쁠 슈웃 잇 얼라럽 프룻.

02 쉬 캔 씽 새-드 쏭즈 웰.

03 아이 다이얼- 더 롱 넘버r 바이 미스테익.

04 이즈 잇 추루 댓 쉬 이즈 어 프륀쎄쓰?

05 이프 유 푸쉬 더 카r트, 아이 윌 풀릿.

06 쉬 컷 더 큐컴버r 인투 에잇 피쎄즈.

07 데어r 이즈 어 램프 앤더 테이블 인 히즈 베주룸.

08 댓 팩토뤼 프로듀씨즈 버씨즈 앤 카r즈.

09 더 취킨 앤 더 캣 아r 파이링 인 더 야r드.

10 히 노우즈 얼라러브 퍼니 스토뤼즈.

11 히 와쉬트 히즈 페이스 클린 윗 쏘웁.

12 유 캔 추-즈 비트윈 에이 오r 비-.

13 쉬 슬로울리 클라임 덥 더 래-러r.

14 아이 스떡 더 노웃트 온 더 뤼프뤼쥐뤠이터r 윗 떠 매그넷.

15 데어r 워즈 어 파이어r 인 더 아파r(트)멘트 라스(트) 나잇.

★ 밑줄 프 = f , 르 = r , 브 = v 발음 표기

01 아이 어그뤼 위쓰 워츄 세엣.

02 왓 아r 유어r 플랜쓰 포r 더 할러데이즈?

03 더 뤼치 워먼 밧- 앤 엑쓰뻰씨브 네끌레쓰.

04 히 오r러r드 클로우즈 포r 더 파r디.

05 마이 커즌 앤 아이 로우드 아워r 바이씨클즈 인 더 파r크.

06 더 썬 롸이지즈 인 더 이스트 앤 쎗츠 인 더 웨스트.

07 쉬 뤼씨브 저 쌜러뤼 어브 파이브 밀리언 원.

08 아이 메이 러 프롸미쓰 윗 마이쎌프 투 스터디.

09 쉬 컷 허r 핑거r 윗 떠 샤r프 나이프.

10 더 스토뤼 어브 더 프륀쎄쓰 앤 더 쎄븐 주월프쓰 이즈 퍼니.

11 아이 고우 투 더 라이브뤠리 투 뤼잇 북쓰.

12 하우 어바웃 미링 앳 포r 피엠 온 떠r즈데이?

13 쉬 데코뤠이릿 허(r) 룸 윗 플라워r즈 앤 프뤠임즈.

14 아이 액씨덴-리 펠 다운 앤 헐(트) 마이 니-.

15 더 팩토뤼 워r커r즈 아r 메이킹 티븨즈.

01 더 웨일 다이브드 인투 더 딥 워러r.

02 더 하우스와이브즈 아r 웨어륑 뤠엣 글러브즈.

03 아임 쏘우 떠r쓰티 대라이 원투 주륑(크) 워러r.

04 이븐 멍키즈 캔 폴 프럼 추뤼즈.

05 아임 고잉 투 릳 나블즈 주륑 마이 할러데이즈.

06 아이 멧 마이 클래스메잇 앳 디 어뮤즈멘(트) 파r크.

07 쉬 페이즈 더 뤤트 바이 디 엔드 어브 더 먼쓰.

08 위 컬렉팃 쉘즈 앳 더 비취.

09 히 애슥- 더 티처r 포r 디 앤써r 어브 더 쿠에스천.

10 아이 엠 리빙 포r 좌이나 투모로우.

11 프럼 오울- 타임즈, 롸이쓰 이즈 더 메인 푸드 인 코뤼아.

12 더 씨쓰터r즈 갓 러-쓰트 인 더 포뤠쓰트.

13 더 좌일드 페인팃 더 썬 뤠엣.

14 쉬 니디 러 맨 투 케뤼 허r 러기쥐.

15 데어r 워r 빅 호울즈 인 히- 싹쓰.

★ 밑줄 프 = f , 르 = r , 브 = v 발음 표기

01 배츠 리브 인싸이- 다r크 케이브즈.

02 히 스따r릿 투 케뤼 더 헤비 러기쥐.

03 쿠 쥬 오우쁜 디쓰 바틀 럽 와인?

04 마이 파더r 워r-쓰 애러 스틸 컴뻐니.

05 아이 매니쥐- 투 어롸이브 롸잇 비포r 더 프뤠즌테이션.

06 데프 피뻘 캐앤(트) 히어r 싸운드 웰.

07 더 프롸이쓰 어브 오일 킵쓰 인크뤼씽 디쓰 이어r.

08 더 헌터r 헌팃 어 디어r 인 더 우즈.

09 웬 이즈 유어r 버r쓰데이?

10 나이쓰 피뻘 두 원더r플 띵쓰.

11 어 걸 이즈 주로윙 어 픽처r 인 더 파r크.

12 얼 라잇하우쓰 가이즈 쉽쓰 투 어 하r버r.

13 히 뤼취- 디 아일랜드 바이 피쉰 보웃트.

14 아이 머스트 웨이껍 어r리 투모로우 모r닝.

15 더 디어r 히잇 비하인- 더 빅 추뤼.

01 더 폴리-쓰맨 바운- 더 띠브쓰 핸즈 앤 핏.

02 아이 워즈 호울딩 마이 배엑 위쓰 원 핸드.

03 위 웬- 인투 더 케이브, 호울딩 어 캔들.

04 더 스빠이더r 워즈 행잉 프럼 더 씨일링.

05 디쓰 헨 레이저 고울든 에그 에브뤼데이.

06 더 덴티쓰트 풀다웃 어 디케이- 투쓰.

07 쉬 캔 플레이 더 바이얼린 웰.

08 히 유스(드) 히즈 브뤠인 투 썰브 더 프롸블럼.

09 쉬 그랩- 더 뤠비츠 롱 이어r즈.

10 호울- 더 플라워r 베이쓰 위쓰 케어r.

11 어 스멀 보웃트 어롸이브드 앳 더 라r쥐 캐슬.

12 히 해즈 투 피니쉬 히즈 워r크 바이 눈.

13 쉬 이즈 웨어륑 원더r플 이어륑즈.

14 아이 주루 더 버r드, 더 추뤼, 앤 더 하우쓰.

15 쉬 해쁠리 뤼씨브드 마이 프뤠즌트.

★ 밑줄 프 = f , 르 = r , 브 = v 발음 표기

01 위 댄스- 투 익싸이링 뮤직.

02 쉬 핻- 브뤠드 앤 밀크 포r 브뤠익퍼스트.

03 아이 이뤠이스(트) 더 롱 레러r 윗떠 이뤠이써r.

04 쉬 더즌(트) 해브 머취 머니.

05 히 이즈 더 파더r 어브 에잇 췰주뤈.

06 허뤼 업, 오r 유 윌 미쓰 더 추뤠인.

07 아이 플랜팃 플라워r쓰 앤 추뤼쓰 인 더 가r든.

08 아이 워즐 럭키 이너프 투 파인(드) 마이 미씽 월렛.

09 슬립 앤 푸드 아r 임포r튼(트) 포r 유어r 헬쓰.

10 마이 도그 웨이브드 히즈 테일 프럼 싸이- 투 싸이드.

11 히 티취즈 히스토뤼 앳 스쿨.

12 쉬 초우즈 더 옐로우 행커r취프.

13 아이 엠 인추뤠스팃 인 스터딩 촤이니즈.

14 리브즈 폴 프럼 더 추뤼즈 인 어럼.

15 위 유즈얼리 고우 루 춰r취 온 썬데이즈.

01 더 뤼버r 플로우즈 언더r 더 브륏지.

02 어 스추뤠인쥐 퍼r쓴 이즈 팔로윙 어쓰.

03 디쓰 이즈 어 시크륏 비트윈 유 앤 미.

04 더 쿠윈 이즈 웨어륑 어 넥클레스 앤 이어륑즈.

05 아임 고잉 투 더 어뮤즈멘- 파r크 온 더 위켄드.

06 더 마더r 그랍- 더 촤일즈 암r.

07 더 킹 이즈 웨어륑 어 크롸운 메이드 아우러브 고울드.

08 아이 에잇 투 번취즈 어브 그레입쓰 포r 디저r트.

09 보우쓰 타이거r쓰 앤 라이언쓰 아r 데인줘뤄쓰 애너멀쓰.

10 더 크뤠이지 퍼r쓴 킵쓰 토킹.

11 더 크롸우드 워즈 샤우링 히즈 네임.

12 어 파일럿 이즈 썸원 후 플라이즈 언 에어r플레인.

13 덜 라이언 이즈 헌팅 어 지브롸 오너 그래슬랜드.

14 아이 바-러 뉴 펜쓸 앤 던 이뤠이써r.

15 좌이니즈 피쁠 쓰삐익 좌이니즈 웰.

★ 밑줄 프 = f , 르 = r , 브 = v 발음 표기

01 더 뮤지엄 디쓰플레이드 오울- 띵쓰.

02 히 바로읏 머니 프럼 더 뱅크.

03 데어r 이즈 어 빅 인 더 미들 어브 아워r 빌리쥐.

04 쉬 플레이쓰- 더 주월 케이쓰 인싸이- 더 주롸r.

05 두 유 노우 웨어r 더 캐삐를 어브 쥐팬 이즈?

06 덩키즈 러브 뤨- 캐뤄츠.

07 더 추뤠인 윌 어롸이브 애리츠 데스떠네이션 순.

08 쉬 풋 허r 클로우즈 앤 슈즈 인싸이- 더 백.

09 더 스께어뤼 월프 이즈 와칭 더 디어r.

10 더 루츠 어브 더 추뤼 스프뤳 언더r그롸운드.

11 아이 웨이 껍 앳 세븐 오클락 에브뤼 모r닝.

12 히즈 어피니언 이즈 디퍼뤈트 프럼 마인.

13 쉬 메이 러 스노우맨 윗 스노우.

14 히 스웸 어크롸쓰 더 한 뤼버r.

15 쉬 이즈 나러 페인터r, 버 러 롸이러r.

01 히 이즈 언 임포r튼(트) 퍼r쓴 앳 더 컴뻐니.

02 마이 마더r 이즈 쿠킹 인 더 키췬.

03 어 쥐래프 이즈 어 베뤼 톨 애니멀.

04 쉬 이즈 애즈 클레버r 애 저 팍쓰.

05 에브뤼바디, 오우쁜 유어r 텍스북쓰 투 페이쥐 나인틴.

06 더 쉐퍼r드 프로텍츠 더 쉬입 프럼 더 월브즈.

07 히즈 하우쓰 이즈 클로우즈 투 더 써브웨이 스떼이션.

08 더 호울 페믈리 웬 투 더 싸우나 온 더 위켄드.

09 디즈 팬츠 아r 투 쇼r트 포r 미 투 웨어r.

10 아이 에잇 롸이쓰 케익쓰 앤 주랭크 베버륏쥐쓰 앳 더 파r디.

11 앳 웟 타임 더즈 더 뱅크 클로우즈 온 프롸이데이즈?

12 히 밧- 롸운(드) 추륍 티켓츠 투 부산.

13 잇츠 타임 투 쎄이 굿바이 투 유어r 프뤤즈.

14 어 딤 라잇트 이즈 블링킹 인 더 디쓰떤쓰.

15 아이 파r트 마이 카r 비싸이 더 파이어r 하이주뤈트.

★ 밑줄 프 = f , 르 = r , 브 = v 발음 표기

01 더 솔저r즈 킬(드) 더 에너미 윗 떠 캐넌.

02 투데이 이즈 어 파인 데이 포r 어 피크닉.

03 쉬 워즈 이너 카r 액시든- 투 이어r즈 어고우.

04 히 이즈 어 프렌들리 앤 와이즈 퍼r쓴.

05 더 하우쓰와이프 플레이쓰 더 케를 어버브 더 플래임.

06 히 브로욱 더 윈도우 윗떠 롹.

07 워리즈 댓 온 더 테이블?

08 쉬 플레이쓰트 허r 핸드 온 히즈 쑈울더r.

09 아이 해브 리를 머니 인 마이 파킷츠.

10 데이 아r 파이링 포r 프뤼듬.

11 올 플랜츠 니잇 라이트 앤 워러r.

12 도운(트) 추륏 미 라이꺼 촤일드.

13 파이널리 어 워r 브로까웃 비트윈 더 투 컨추뤼즈.

14 더 추래쉬 캔 이즈 풀럽 추래쉬.

15 쉬 띵쓰 히 이즈 어 굿 허즈밴드.

01 더 캣 이즈 췌이씽 더 마우쓰 하r드.

02 히 추롸잇 투 스틸 주얼즈 앳 더 스또어r.

03 잇츠 얼뤠디 게링 핫 인 준.

04 잇츠 오우케이 투 브륑 유어r 와이프 앤 킷즈.

05 히 러브즈 보우쓰 포테이토우즈 앤 스윗 포테이로우즈.

06 하우 워즈 더 추륍 투 잉글랜드 라스트 이어r?

07 아이 헝 더 코뤼언 플래그 온 더 쎄일 어버 쉽.

08 히 파r- 더 카r 인싸이(드) 더 거롸쥐.

09 워r즈 디스추로이 워r을드 피-쓰.

10 어 컨추뤼 이즈 컴포우즈드 어브 잇츠 피쁠 앤 랜드.

11 싸커r 이즈 어 파퓰러r 스포r트 인 잉글랜드.

12 히 뤤- 카r툰쓰 인 더 뉴쓰 페이퍼r.

13 디(쓰) 썸머r 베이케이션 이즈 이스뻬셜리 쇼r트.

14 매쓰 이즈 더 모우스트 인추뤠스팅 써브쉑 투 미.

15 프럼 나우 온, 엔터r 유어r 오운 룸즈.

★ 밑줄 프 = f , 르 = r , 브 = v 발음 표기

01 아이 콜 힘 바이 히즈 닉네임, "캐빗쥐."

02 윌 유 두 미 어 페이버r 투나잇?

03 돌핀즈 아r 베뤼 스마r트 애니멀즈.

04 더 스네익쓰 텅 무브즈 패스트.

05 더 매씨브 웨이브 푸쉬- 더 쉽 투 더 쇼r.

06 쉬 쎄이브드 머니 인 더 뱅크.

07 데어r 아r 메니 애니멀즈 앤 플랜츠 인 더 줭글.

08 주롸근플라이즈 아r 플라잉 인 더 스까이 인 아럼.

09 히 이즈 쏘우 스마r트 댓 히 캔 썰브 디피컬- 테스츠.

10 잇츠 파기 투데이 쏘우 유 슛 주롸이브 케어r플리.

11 위 유즈- 투 고우 투 더 쎄임 킨더r가r든 비포r.

12 더 택씨 주롸이버r 켑- 더 추래픽 라잇 웰.

13 더 필로우 이즈 투 하r(드) 두 슬리 뻔.

14 아이 뤼멤버r 더 타이를 어브 더 무비.

15 쉬 쎈트 어 레러r 프럼 더 포우스트 오피쓰.

데이 27-2

01 히 러브즈 히즈 와이프 포r에버r.

02 순 더 추뤠인 윌 컴 인투 더 스떼이션.

03 디 에어r플레인 어롸이브드 쎄이플리 앳 디 에어r포r트.

04 아이 워즈 블라인드 포r 어 와일 비커우즈 어브 더 브롸잇 썬.

05 헬로우, 하우 아r 유 두잉 디즈 데이즈?

06 히 메이- 더 테이블 위쓰 워드 앤 툴즈.

07 쉬 가이릿 더 투어뤼스츠 어롸운- 더 팰러쓰.

08 더 티처r 노우즈 더 네임즈 어브 허r 스튜든츠.

09 더 썬 앤 더 문 아r 스땐딩 인 원 라인.

10 더 뤼취 워먼 러브- 더 푸어r 맨.

11 더 프륀쓰 앤 더 프륀쎄쓰 리브드 인 더 팰러쓰.

12 웟 타임 아r 유 리빙 투모로우?

13 아이 원투 고우 투 더 로우밧 뮤지엄.

14 히 파운- 더 머쉬룸 어몽 더 추뤼즈.

15 아이 캐앤(트) 씨 어헤드 비커우즈 어브 더 헤비 파그.

★ 밑줄 프 = f , 르 = r , 브 = v 발음 표기

01 메이비 아워r 팀 윌 윈 넥스트 이어r.

02 인 스프륑, 웜 윈드 스타r츠 투 블로우.

03 트윈쓰 해브 베뤼 퍼밀리어r 페이시즈.

04 아일 라익 피취즈 모어r 댄 스추롸베뤼즈.

05 히 니즈 투 엑썰싸이즈 비커우즈 히 이즈 투 팻.

06 투 머취 슈거r 앤 썰트 이즈 밷- 포r 유어r 헬쓰.

07 쉬 갓 허r 핑키 핑거r 스떡 인 더 도어r.

08 댓 고울드 왓취 이즈 어 기프트 프럼 마이 파더r.

09 히 이즈 어 하이 스쿨 피지컬 에쥬케이션 티처r.

10 아이 투꺼 케미스추뤼 코r쓰 디- 쎄미스터r.

11 레츠 메익 슈어r 데어r 아r 노우 시크뤼츠 비트위너쓰.

12 더 파r머r 그로우즈 콘r 온더 필드.

13 쉬 컷 허r 떰 윗 떠 나이프.

14 아이 원투 비컴 어 씽잉 뮤지션.

15 마이 맘 웨익쓰 미 업 앳 씩쓰 어클락.

01 어 휴먼 비잉 필즈 머취 프레셔r 언더r 워러r.

02 쉬 해즈 어 독- 앤 더 스네이크 애즈 페츠.

03 아이 해브 올모우스트 피니쉬트 마이 싸이언쓰 호움워r크.

04 더 플라잇 워즈 캔슬드 비커우즈 어브 헤비 뤠인.

05 하우즈 더 웨더r 아웃싸잇- 나우?

06 더 싸이언티스트 해즈 어 그뤠잇 아이디어.

07 히 푸런 더 백팩 온 히즈 쑈울더r.

08 더 쉐퍼r드 파운- 더 미씽 램.

09 솔저r쓰 해브 투 팔로우 데어r 수퍼리어r쓰 오r더r쓰.

10 더 베이커뤼 쎌즈 들리셔쓰 브뤠드.

11 쉬 더즌(트) 라익 히즈 아이디어.

12 더 투어뤼스츠 아r 루킹 앳 더 맵 어브 써울.

13 아이 앰 웨이링 포r 더 스노우 투 스땁.

14 쉬 리럽 더 스토우브 유징 페이퍼r.

15 마이 엉클 해즈 카우즈, 취킨즈, 앤 픽-즈.

★ 밑줄 프 = f , 르 = r , 브 = v 발음 표기

01 아이 형 넥스트 이어r즈 캘린더r 온더 월.

02 잇 워즈 더 핫디스- 데이 어브 더 이어r.

03 디 어r쓰 이즈 낫 플랫 벗 롸운드.

04 히 띵쓰 타임 이즈 머니.

05 라슷- 나잇 더 와잇 스노우 커버r드 더 호울 랜드.

06 파이늘리 더 베이비 비겐 투 토크.

07 인 네이처r 더 싸이클 어브 워러r 어커r즈.

08 워리즈 디쓰? 댓 이즈 어 펜쓸.

09 히 이즈 웨어륑 쥔쓰 앤 스니꺼r쓰.

10 디 쥬 히어r 더 스추뤠인쥐 싸운드 아웃싸이드?

11 아이 픽떱 마이 썬 프럼 킨더r가r든.

12 쉬 주루 언 어메이징 픽쳐r 윗 떠 펜쓸.

13 위 빌터 캐슬 윗 쌘드 앳 더 비취.

14 더 클락 온더 월 이즈 파이브 미니츨레잇.

15 더 써r드 픽- 빌- 더 하우쓰 윗 브뤽쓰.

01 히 원닛 투 히어r 마이 프뤵크 어피니언.

02 디퍼뤈- 카r즈 아r 스삐딩 다운 더 로우드.

03 쉬 켑- 더 룸 웜 윗 떠 스토우브.

04 아이 웍- 투 마이 컴뻐니 예스떠r데이.

05 히 인써r딧 어 코인 인 더 벤딩 머쉰.

06 데어r 아r 포r 디스팅티브 시즌즈 인 코뤼아.

07 아이 런 호r쓰 롸이딩 온 에브뤼 쌔러r데이.

08 쉬 주루 어 써r클 온더 그롸운드 윗 떠 스띡.

09 아이 와입트 마이 스웻트 윗 떠 클린 핸커r취프.

10 히 주로우브 히즈 카r 라이꺼 크뤠이지 퍼r쓴.

11 더 뮤지션 스뚯- 싸일런-리 온 더 스떼이쥐.

12 쉬 킵쓰 더 토일렛 클린.

13 더 비즈 플라이 쓰루 더 플라워r즈.

14 디어r 아r 어 굿 타r겟 포r 덜 라이언.

15 더 파일럿 플루 더 에어r플레인 쎄이플리.

★ 밑줄 프 = f , 르 = r , 브 = v 발음 표기

01 아이 로우트 얼 레러r 어브 어프뤼시에이션 투 마이 프뤤드.

02 더 프륀쎄쓰 워즈 켑 띤 더 타워r 포r 트웨니 이어r즈.

03 더 브뤠이브 프륀쓰 쎄이브- 더 프륀쎄쓰.

04 히 풀- 더 뤄버r 밴(드) 백.

05 쉬 땡트 미 포r 커밍 투 더 파r티.

06 더 윗취 애슥- 더 미뤄r 온더 월.

07 쉬 스마일드 앳 히즈 퍼니 스토뤼.

08 퓨 피쁠 노우 어바웃 더 시크뤳 룸.

09 앤츠 아r 패스트 앤 스네일즈 아r 슬로우.

10 아이 해브 얼뤠디 뤠엣 더 나블 투와이쓰.

11 마이 헤드 허r츠 비커우즈 더 필로우 이즈 투 하r드.

12 히 이즈 추롸잉 투 썰브 더 매쓰 프롸블럼.

13 쉬 비짓츠 어메뤼카 투와이써 이어r.

14 더 카r즈 윌즈 아r 터r닝 베뤼 패스트.

15 에어r 펄루션 이즈 어 프롸블럼 투 올 리빙 띵즈.

01 위 캇- 쳴리피쉬 앳 씨-.

02 데이 더가웃 고울드 앤 실버r 인 더 밸리.

03 히 워- 쏘우 슬리삐 댓 히 웬 투 베엣 어r리.

04 더 파이늘 스코어r 어브 더 풋볼 게임 워즈 파이브 투 텐.

05 쉬 워즈 헝그뤼 이너프 투 이러 롹.

06 게링 업 어r리 인 더 모r닝 이즈 어 굿 해빗.

07 아일 라익 싸이언쓰 모어r 댄 매쓰.

08 왓 이즈 유어r 넘버r 인 유어r 클래쓰?

09 히 언더r스뚯- 히즈 오울더r 브롸더r즈 어드바이쓰 웰.

10 아이 도운(트) 노우 이프 쉬 이즈 얼라이브 오r 데엣.

11 올 패런츠 러브 데어r 췰주뤈.

12 위 아r 플래닝 투 페인- 더 하우쓰 옐로우.

13 히 이즈 영 벗 히 이즈 스추롱.

14 웨어r 아r 유 고잉 주륑 윈터r 베이케이션?

15 더 베거r 비케임 더 프뤠지든트 어 퓨 이어r즈 레이러r.

★ 밑줄 프 = f , 르 = r , 브 = v 발음 표기

MP3 파일은
큐알코드 또는http://reurl.kr/2C85369ZP 에서
다운로드 가능합니다.

파트 04

와리즈 더 뤼즌
유 스떠디 잉글리쉬?

아이 원투 추래블 어롸운- 더
워ㅏ을드 바이 마이쎌프.

싸운즈 그레잇!

01 아이쓰, 스노우 앤 워러r 아r 올 더 쎄임 인디 엔드.

02 메니 쏘을저r쓰 다이드 인 더 라스(트) 베를.

03 아이 엠 저스- 타이어r드 롸잇 나우.

04 피퀀쓰 아r 게더륑 어롸운- 더 씨리 파r크.

05 히 유지즈 더 리빙 룸 애즈 어 다이닝 룸.

06 데이 원투 췌인쥐 더 컬러r 어브 데어r 하우쓰.

07 뤠비츠 라익 어니언즈, 캐비쥐, 앤 캐뤄츠.

08 올 리빙 띵즈 캐앤(트) 에스케입 프럼 데쓰.

09 어롸운드 윗 타임 더- 스쿨 피니쉬 유주얼리?

10 아이 캔 슬라이드 이즐리 온디 아이쓰.

11 더 스까이 이즈 클리어r 위다웃 어 스빳 어브 클라우드.

12 데이 어롸이브드 앳 더 아일랜드 오너 보웃.

13 히 뤼즈 더 뉴쓰페이퍼r 에브뤼 모r닝.

14 댓 보이 스윙쓰 히즈 암즈 와일 워킹.

15 쉬 파운더 쮈리피쉬 앳 더 비취.

01 디 아r디스트 이즈 엑지비링 히즈 페인팅쓰 앳 더 갤러뤼.

02 히즈 버r쓰데이 이즈 인 에이프뤌.

03 마이 디어r 췰주뤈 해브 그로우닙 웰.

04 히 이즈 바잉 어 북 앳 더 북스또어r.

05 데어r 이즈 언 아일랜드 인 더 미를 어브 더 한 뤼버r.

06 아울즈 아r 버r즈 댓 아r 모우슬리 액티브 앳 나잇.

07 썸 피쁠 블리브 댓 디 어r쓰 이즈 스쿠웨어r.

08 쉬 디싸이뤗 투 조인 더 발리볼 컴뻐티션.

09 더 너r쓰 이즈 어씨스팅 더 덴티스트 앳 히- 싸이드.

10 아이 풋 더 싹쓰 앤 언더r웨어r 인싸이- 더 박스.

11 어 디어r 이즈 어 새드 애니멀 비커우즈 잇 해즈 어 롱 넥.

12 유어r 풀리쉬 낫 투 노우 디쓰 프롸블럼.

13 위 캔 추래블 투 더 문 인 더 퓨처r.

14 히 이즈 뤠디 투 기브 히- 스삐취 온 더 플랫폼.

15 히 러브즈 페인팅스 윗 뤄닝 호r씨즈.

★ 밑줄 프 = f , 르 = r , 브 = v 발음 표기

01 데이 웰컴- 더 플레이어r스 엔추뤤쓰.

02 히즈 비헤이비어r 팔로우즈 히즈 마인드.

03 마이 파더r 앤 마더r 게럴롱 웰 나우어데이즈.

04 히 쓰루 더 브뤤취 앳 더 베어r.

05 쉬 애릿 좌콜릿 파우더r 인투 더 핫 워러r.

06 더 티처r 게이버쓰 이지 매쓰 프롸블럼쓰.

07 아이 뤼을리 위쉬 포r 히- 썩쎄쓰.

08 쉬 빌트 어 워든 하우쓰 넥쓰 투 더 레이크.

09 더 폴리-쓰 워r크 포r 데어r 컨추뤼 앤 잇츠 피쁠.

10 더 걸 이즈 포을딩 어 페이뻐r 인투 어 크뤠인.

11 히 브러쉬즈 히즈 티쓰 쓰뤼 타임즈 어 데이.

12 더 줸틀맨 그뤼딧 더 레이리.

13 더 소울저r 팟- 브래이블리 인 더 배를.

14 더 피플 아r 마r췽 다운 더 스추륏.

15 위 클라임드 업 투 더 탑 어브 더 마운튼.

01 히 셀즈 아이스크륌 앤 쿠키즈.

02 유 니 더 스카r프 앤 글러브즈 인 윈터r.

03 테이 꺼 라r쥐 수웃케이스 위드 유 웬 추래블링 어브로드.

04 투데이즈 퍼r스트 클래스 이즈 언 아r트 레쓴.

05 더 스타r즈 아r 샤이닝 브롸잇리 인 더 다r크 스까이.

06 아이 윌 테이 꺼 뤠스트 앳 호움 인 더 이브닝.

07 더 워먼 이즈 토킹 투 더 맨 오우버r 더 포운.

08 웬 이즈 유어r 버r쓰데이? 잇츠 마r취 퓌쓰.

09 더 독- 이즈 쿠위클리 왜-깅 잇츠 테일 프럼 싸이 투 싸이드.

10 데어r 이즈 쏘우 머취 유즈플 인포r메이션 인 디쓰 북.

11 댄- 이즈 와쉥 더 디쉬즈 인 더 키췬.

12 아이 워즈 쏘우 코울드 대라이 주랭크 핫 워러r.

13 메니 피플 어텐딛 더 미링.

14 올 피플 아r 어프뤠이드 어브 페일루어r.

15 댓 무비 이즈 낫 인추뤠스팅 애롤.

★ 밑줄 프 = f , 르 = r , 브 = v 발음 표기

01 쉬 주랭- 티- 인스테드 오브 커피.

02 히 풋 마r쓰 온 더 그롸운드 윗 스띡쓰.

03 더 메일 캐뤼어r 이즈 딜리버륑 더 레러r즈.

04 쉬 커버r드 더 플로어r 위쓰 마r블 타일즈.

05 더 베이비 이즈 루킹 앳 히즈 맘 스마일링.

06 댓 씨티 이즈 풀 오브 피플 앤 카r즈.

07 쉬 테익쓰 어 냅 인 더 애프터r눈.

08 그랩 더 브랜취 쏘 대츄 도운 슬립.

09 히 포r드 플라워r 인투 더 세컨 보울.

10 더 보이 이즈 캣췽 어 주래근플라이 윗 떠 넷.

11 퍼r햅쓰 데이 아r 허즈밴댄 와이프.

12 아이 컷 더 띡 페이퍼r 윗 씨저r쓰.

13 쉬 필덥 더 피기 뱅크 위쓰 코인즈.

14 보우쓰 히즈 바디 앤 마인드 아r 타이어r드.

15 쉬 바-러 테디 베어r 앳 더 기프트 샵.

01 더 스피커r 메잇 디 어리언쓰 라-프 쎄브뤌 타임즈.

02 히 터취드 히즈 췬 띵킹 디플리.

03 더 프롸이쓰 오브 더 웨딩 쥬뤠쓰 이즈 투 익스펜씨브.

04 더 스쿨 스테어r케이쓰 이즈 하이 앤 내로우.

05 마이 그뤤마더r 턴쓰 에이리 디쓰 이어r.

06 히 이즈 어 스마r트 앤 프뤤들리 젠틀맨.

07 아이 헝 어 픽쳐r 오브 마이 페믈리 온더 월.

08 더 브뤠이브 프륀쓰 디피릿- 더 만-스터r.

09 유 캔 씨 메니 애니멀쓰 앳더 주-.

10 쉬 이즈 웨이링 포r 더 버쓰 앳더 버-쓰땁.

11 어 토우드 룩쓰 라이껀 어글리 프로그.

12 와일 아이 앰 어브롸드, 아일 해브 어 좝 익쓰삐어뤼언쓰.

13 데어r 이즈 어 롸운 테이블 인 더 센터r 오브 더 룸.

14 히 웨얼쓰 띡 클로우즈 인 윈터r.

15 잇 써든리 스타r릿 투 뤠인 아웃싸이드.

★ 밑줄 프 = f , 르 = r , 브 = v 발음 표기

01 쉬 킵스 어 스멀 스네이크 애즈 어 펫.

02 메니 포륀 피플 비짓 코뤼아.

03 쉬 파운드 어 컬러풀 머쉬룸 인 더 워즈.

04 디스 이즈 어 퍼r펙트 플레이스 포r 엘더r리 피플 투 뤠스트.

05 더 가r든 이즈 풀 오브 뷰리풀 플라워r즈.

06 더 쇼r트 써머r 베이케이션 윌 엔드 인 원 위크.

07 아이 글루 더 스탬프 온투 더 엔블로웁.

08 이즈 투데이 먼데이 오r 튜즈데이?

09 히 스펜즈 머니 온 컬렉팅 스탬쓰.

10 디스 퍼r머씨 온리 오우쁜 온 웍데이스.

11 히 웨이릿 포어r 더 그륀 라잇 앳 더 크로쓰워크.

12 코뤼아 랙쓰 내추뤌 뤼쏘어r씨즈.

13 쉬 이즈 어 줘r먼 워먼 프럼 줘r머니.

14 히즈 머슬즈 아r 애즈 스추롱 애- 스틸.

15 쉬 헬- 더 베이비 투 허r 췌스트.

01 더 윗네씨즈 스토뤼 이즈 어 리를 디퍼뤈- 프럼 더 팩트.

02 히즈 미스테잌 함- 더 컴뻐니.

03 더 맨 인스톨- 더 커링 머쉰.

04 히즈 프뤠이즈 부스딧 아워r 쎌프 컨피든쓰.

05 아이 써- 어 불레튼 어바웃 더 스페셜 클래쓰.

06 어 쿠워러r 어버 달러r 이즈 트웬티 파이브 쎈츠.

07 헬쓰 이즈 어 프롸이메뤼 팩터r 어브 썩쎄쓰.

08 아이 포어r베이드 힘 프럼 스모우킹 인 더 룸.

09 더 브륄리언트 썬라잇 엔터r드 줘일.

10 언포어r추넛리, 히 더즌(트) 해번 엄브뤨러 롸잇 나우.

11 에어r라인 패씬저r즈 아r 개더륑 앳 디 에어r포어r트.

12 썸바디 써든리 힛 미 인 더 쇼울더r.

13 쉬 이즈 낫 인 더 무- 투 플레이.

14 더 닥터r 인스톨더 바이를 디바이쓰 언 더 페이션트.

15 히 리브즈 애러 카-리쥐 바이 더 레이크.

★ 밑줄 프 = f , 르 = r , 브 = v 발음 표기

01 더 스테일 브뤠드 워즈 커버r드 위쓰 모울드.

02 데어r 이즈 어 보일러r 컴뻐니 네임드 크뤼킷.

03 히 워즈 앱쎈트 앳 더 개더륑 비커우즈 어브 히즈 일네쓰.

04 아이 쓰루 어웨이 더 씨그뤳 애쉬 인 더 애쉬추뤠이.

05 더 티처r 스코울딧 어 스튜든트 위쓰 밷- 매너r즈.

06 인디드, 메니 피쁠 유즈 크뤠딧 카r즈.

07 웟 히 쎄엣 워즈 줘스(트) 키링.

08 아이 어텐딧 어 웨딩 쎄러모우니 언 썬데이.

09 히 햇 투 엔주어r 어 헤데익 라스(트) 나잇.

10 쉬 스쿠위즈- 더 투쓰페이스트 언투 더 투쓰브뤄쉬.

11 데어r 이즈 어 파운튼 인 더 센추뤌 파r트 어브 더 씨리.

12 쉬 어프뤼쉬에이릿 마이 헬프.

13 더 브롸이드 쓰루 더 부케이 앳 헐 걸프뤤즈.

14 플리즈 씰렉- 더 커뤡트 앤써r 투 더 쿠웨스천.

15 쉬 이즈 판드 어브 쿠킹 바이 헐쎌프.

데이 35-2

01 데어r 워즈 어 휴쥐 캐슬 언더r니쓰 더 마운튼.

02 쓰로우 어웨이 유즐레스 아이럼즈 인 더 추래쉬 캔.

03 히 인크뤼쓰트 히즈 머쓸 매쓰 위쓰 엑썰싸이즈.

04 아이 필덥 더 바를 위쓰 오일 유징 어 코운.

05 더 카r 써든리 대쉬트 인투 더 스토어r.

06 더 베이비 스필- 밀크 언 더 플로어r.

07 데어r즈 노우 리밋 투 수뻐r맨즈 어빌러리.

08 프러넌씨에이션 이즈 임포어r튼- 인 잉글리쉬.

09 더 거번멘트 디싸이릿 투 와이든 더 로우즈.

10 더 베거r 애슥트 미 포r 머니.

11 네임즈 아r 나운즈 인 그뤠머r.

12 히 이즈 컨스추뤅팅 어 스쿨 인 더 빌리쥐.

13 더 버r글러r 쓰뤠튼- 디 오우너r 위떠 나이프.

14 이매쥔 추뤠블링 투 스뻬이쓰.

15 쉬 어텐즈 처r취 써r비쓰 언 썬데이즈.

★ 밑줄 프 = f , 르 = r , 브 = v 발음 표기

01 히 게츠 더 맥시멈 에펙트 애러 미니멀 커-스트.

02 워러r 이즈 어 플루이드 벗 아이쓰 이즈 어 쌀리드.

03 더 컴뻐니 리쓴- 투 커스트머r즈 어피니언즈.

04 히 어씨스팃 허r 엑쓰페뤼멘트 하r드.

05 어태킹 이즈 더 베스- 디펜쓰.

06 코뤼아 이즈 언 인디펜든- 컨추뤼.

07 히 빌- 더 프뤠임워r크 어브 더 빌딩 윗 스틸.

08 잇 워즈 어쓰타니슁 댓 더 촤일드 원.

09 어 스노우맨 컨씨스츠 어버 헤드 앤더 바디.

10 아이 애릿 어 뉴 아이럼 투 더 리스트.

11 데어r 이즈 어 스뻬셜 반드 비트윈 패어뤈츠 앤 췰주뤈.

12 디- 쏘일 이즈 굿 포어r 플랜츠 투 그로우.

13 디 인더스추뤼을 뤠벌루션 어커r드 인 잉글랜드.

14 췔린쥐즈 아r 에쎈셜 포어r 썩쎄쓰.

15 데어r 이즈 얼웨이즈 어 위너r 앤더 루저r 인 스포r츠.

01 디 아이비 클라임- 더 캐슬 앤- 더 타워r즈 월.

02 디 어스추뤼취 에그 윌 햇취 인 원 위크.

03 디 오일 프롸이쓰 이즈 고잉 다운워r드 나우어데이즈.

04 히 해즈 언 인추뤠스트 인 머쉰즈.

05 허r 페이스 이즈 애즈 슬로우 애저 스네일.

06 더 퍼뤠이드 워즈 마r췽 인 프뤈텁 아워r 아피쓰.

07 마이 썬 헤이츠 스삐내취 앤 엑-플랜트.

08 디 엔쥐니어r 디텍팃 더 디펙트 인 더 클리너r.

09 더 티처r 프륀팃 더 매쓰 프롸블럼쓰.

10 쉬 클라임덥 더 래더r 케어풀리.

11 디쓰 좝 뤼쿠와이어r즈 크래프트 앤(드) 익쓰삐어뤼언쓰.

12 비 케어r풀 어브 더 피어r쓰 독-즈 오우버r 데어r.

13 아이 메잇 플레이츠 앤 보울즈 아우러브 클레이.

14 히 투꺼 픽처r 윗 더 스까이 인 더 백그롸운드.

15 위 쎌러브뤠이릿 더 빅토뤼 윗 파이어r워r쓰.

★ 밑줄 프 = f , 르 = r , 브 = v 발음 표기

01 도운(트) 블리브 스추뤠인저r즈 쏘우 이즐리.

02 쉬 뤼씨브드 어플라즈 프럼 더 어디언쓰.

03 더 프롸이쓰 어브 베쥐터블즈 이즈 쏘어륑 디즈 데이즈.

04 원쓰 어뻐너 타임 데어r 리브드 어 좌이언트 인 더 캐슬.

05 아이 니러 베이비 씨러r 포어r 마이 베이비.

06 더 닥터r 뤠커멘딧 미 투 주륑크 웜 워러r.

07 더 배-드 윗취 원팃 언 엔들레쓰 라이프.

08 도운(트) 슬램 더 도어r 투 하r드 웬 유 고우 아웃.

09 딧 휴먼즈 뤼을리 이발브 프럼 에입쓰?

10 디쓰 카r 이즈 마이 온리 압쎤 포r 마이 버쥣.

11 히 워즈 쏘우 씰리 댓 히 메이- 더 롱 디씨전.

12 더 세일즈퍼r쓴 이즈 엑스플레이닝 어바웃 더 와쉬어r.

13 써든리 더 베어r 어피어r드 인 프러너버쓰.

14 아이 가러 굿 그뤠이드 언 더 뤼쓴(트) 이그잼.

15 웨어r 이즈 더 페인터r즈 버r쓰플레이쓰?

01 애자이 터취- 더 버블 위쓰 마이 핸드, 잇 버r스트.

02 히 갓 얼랏업 프롸핏 프럼 디쓰 비즈니쓰.

03 워러r 앤(드) 오일 도운(트) 블렌드 웰.

04 위 그뤼딧 이취 아더r 위쓰 핸드쉐익쓰.

05 더 펄리-쓰 이즈 컨덕팅 어 클로우즈 인베스터게이션.

06 아이 뤼플레이쓰 더 윌 어브 더 바이크 예스터r데이.

07 아이 윌 인추러듀쓰 마이 페믈리 퍼r쓰트.

08 쉬 써- 어 스추뤠인쥐 피규어r 인 더 가r든.

09 더 지브롸즈 아r 뤄닝 언 더 프뤠뤼.

10 더 위도우 리브드 얼로운 애프터r 허r 허즈밴드 다이드.

11 히즈 썩쎄쓰 이즈 어 뤼절트 어브 그뤠잇 에포어r트.

12 아이 스틸 뤼멤버r 더 타이를 어브 더 북.

13 더 티처r 푸러 노우리쓰 언 더 불레튼 보어r드.

14 디- 쉽 유지즈 뉴클리어r 파워r 애즈 퓨얼.

15 잇 이즈 라이클리 투 스노우 롸잇 나우.

★ 밑줄 프 = f , 르 = r , 브 = v 발음 표기

01 더 췰주륀 아r 더 쏘어r썹 헐r 딜라잇.

02 히 프뤠쓰(트) 더 벗은 투 퍼-즈 더 썽-.

03 쉬 워r트 애저 발룬티어r 앳 더 킨더r가r든.

04 아이 딧 어디쎤즈 앤- 디비젼즈 위쓰 더 칼큘레이러r.

05 아이 플렌팃 더 추뤼즈 투 미러r 어파r(트) 프럼 이취 아더r.

06 더 커스터머r 컴플레인더바웃 더 푸드.

07 더 썬쎗 이즈 어 뷰리풀 씨너뤼.

08 히 스펠드 '지브롸' 커뤡을리.

09 투 호어r씨즈 아r 풀링 더 웨건.

10 쉬 스워r 투 키퍼r 프롸미쓰.

11 원 이어r 이즈 네버r 어 쇼어r트 피뤼엇.

12 더 트윈스 페이씨즈 얼웨이즈 컨퓨즈 미.

13 더 리-브즈 아r 플로우링 언더 판드.

14 더 피씨즈 어브 아이뤈 워r 스떡 투 더 매그닛.

15 도운(트) 인터r피어r 위쓰 마이 프롸이빗 라이프.

데이 38-2

01 마이 헤드 이즈 디지 아우렵 익싸잇멘트.

02 더 쉽 이즈 슬로울리 어프로췽 더 닥-.

03 히 엔비드 마이 유쓰 앤(드) 피지클 스추뤵쓰.

04 쉬 파이늘리 갓 허r 주롸이버r즈 라이쎈스.

05 더 마일드 웨더r 컨티뉴드 인 더 윈터r.

06 더 윗네쓰 뤼포어r릿 더 크뤼미늘 투 더 펄-리쓰.

07 히 추륌- 더 로우즈 언 더 펜쓰 윗 씨저r즈.

08 히 이즈 디 일레븐쓰 플레이어r 인 더 풋벌 팀.

09 히 허r을- 더 샤r프 스삐어r 투워r즈 더 만스터r.

10 더 윗취 믹쓰트 스추뤠인쥐 인그뤼디언츠.

11 쉬 이즈 어 라이블리 앤(드) 브롸잇 영 워먼.

12 더 쉽 컬라이릿 위쓰 어 휴쥐 아이쓰버r그.

13 아이 원더r 이프 쉬 러브즈 미.

14 히 빌즈 날-리쥐 쓰루 북쓰.

15 잇 이즈 네쎄써뤼 투 락 더 도어r 앳 나잇.

★ 밑줄 프 = f , 르 = r , 브 = v 발음 표기

01 쉬 디저r브즈 투 썩씨드 비커우즈 어브 헐r 에포어r츠.

02 히 네버r 어터r드 어 워r드 어바웃 더 액씨든트.

03 더 노어r던 파r트 어브 더 컨추뤼 이즈 메이럽 온리 아이쓰.

04 마이 브롸더r 테러블리 티즈드 마이 씨스터r.

05 아이 이스뻬셜리 왓취 디쓰 카인더브 무비.

06 댓 추뤠이딩 컴뻐니 엑스포어r츠 툴즈 오우버r씨즈.

07 나루도 뤤 위쓰 히즈 암즈 배쿼r드.

08 히 원 더 로더뤼 앤 갓 얼라럽 머니.

09 더 프로그즈 스터먹 스타r딧 투 스웰.

10 플랜츠 어브조어r브 카r번 다이악싸이드 인 디 에어r.

11 더 로우밧 추뤤스폼드 잇츠 바디 인투 어 카r.

12 아이 해버 슬라잇 피버r 비커우즈 어브 마이 코울드.

13 마이 브롸더r 디자이어r즈 베러r 토이즈.

14 쉬 이즈 인어 스테잇 어브 컨퓨전 두 투 허r 페일루어r.

15 아이 글라이딧 언 어 줸틀 슬로웁.

데이 39-2

01 추-즈 어 뤤듬 넘버r 프럼 원 투 텐.

02 더 마우쓰 허r- 더 라이언 로어r.

03 씨디즌즈 해브 투 팔로우 데어r 컨추뤼즈 로-즈.

04 더 미니스터r 푸러 캔들 언더 캔들스틱.

05 히 메잇 클로우즈 아우럽 파이버r즈 스추롱거r 댄 아이언.

06 에디쓴 이벤추을리 인벤팃 더 라잇 벌브.

07 쉬 라프트 라우들리 앳 마이 조우크.

08 히 푸러 버r든 언더 덩키즈 백.

09 쉬 비추뤠잇- 마이 추뤄스트 인 허r.

10 히 이즈 어 쎌피쉬 맨 후 띵스 온리 어브 힘쎌프.

11 언포r추넛리, 허r 에포어r트 워즈 인 베인.

12 더 쎄일러r 쓰루 어 넷 앳 더 웨일.

13 아이 라익 클래씨클 뮤직 모어r 댄 팝 뮤직.

14 아이 유주을리 추뤠블 인 마이 리저r 타임.

15 아이 윌 뤼턴 투 마이 네이리브 컨추뤼 애프터r 마이 뤼타이어r멘트.

★ 밑줄 프 = f , 르 = r , 브 = v 발음 표기

01 더 밀리테뤼즈 어택 비겐 앳 던-.

02 더 버r드 리브즈 어너 스멀 아일랜드 인 더 퍼시픽.

03 뉴클리어r 웨뻔즈 아r 어 빅- 쓰뤳 투 워r을드 피-쓰.

04 더 머쉬룸 룩쓰 라이꺼 씨- 쵈리피쉬.

05 히 플레이쓰- 디 이머r줜씨 페이션트 언 더 스추뤠처r.

06 쉬 쎈터r 다-러r 어너 레러r 에뤈드.

07 더 윗취 디벨로웁- 더 주뤅 투 어롸우즈 만스터r즈.

08 히 디쓰커버r드 어 스타r 씨믈러r 투 어r쓰.

09 써포우즈 유 아r 인 헤븐 나우.

10 피쁠 아r 플로우링 어 뤠프트 언 더 한 뤼버r.

11 렛츠 고우 썸플레이쓰 포r 디너r 디쓰 이브닝.

12 히 빌트 어 마뉴멘트 포r 더 소울저r즈.

13 아이 윌 메머롸이즈 원 헌주뤳 워r즈.

14 히 쎄러 고울 포r 더 뉴 이어r 인 줴뉴어뤼.

15 쉬즈 언 아니스트 뤼을 이스테잇 브로우커r.

01 위 브뤠이블리 디피-릿 더 인베이더r.

02 더 스빼로우즈 힌- 인 더 부쉬.

03 더 스튜든츠 팔로우- 더 티-처r즈 인스추뤅션즈.

04 히 와입트 히즈 포어r헤드 위쓰 더 백 어브 히즈 핸드.

05 어 스추뤠인쥐 싸운드 어롸우즈- 마이 큐뤼아써리.

06 허r 크뤼티씨즘 어브 더 무비 이즈 씨비어r.

07 아아 윌 췃쥐 유 인 더 네임 어브 줘스티쓰.

08 히 스탬트 더 뤵크 언 더 카우즈 백.

09 더 케미스트 이즈 엑스페뤼멘팅 위쓰 주뤅즈.

10 더 쥐라프 해즈 렁 앤 슬렌더r 렉즈.

11 더 크뤼미늘 씨크뤳리 이쓰케입트 프럼 프뤼즌.

12 데어r 이즈 언 인쿠와이어뤼 어바웃 굿즈 프럼 어 커스터머r.

13 아이 해브 어 씨비어r 에이크 인 마이 췌스트 앤(드) 벨리.

14 더 컴뻐니 애드버r타이즈드 어 뉴 뤼프뤼쥐뤠이러r.

15 아이 뤼바이브드 더 데드 피쁠 위쓰 주뤠곤 볼-즈.

★ 밑줄 프 = f , 르 = r , 브 = v 발음 표기

MP3 파일은
큐알코드 또는http://reurl.kr/2C85369ZP 에서
다운로드 가능합니다.

파트 05

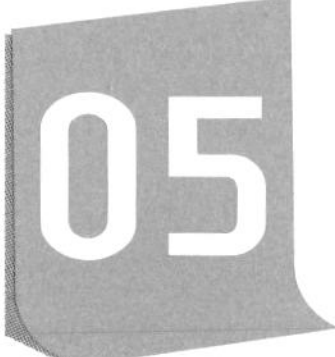

와리즈 더 뤼즌
유 스떠디 잉글리쉬?

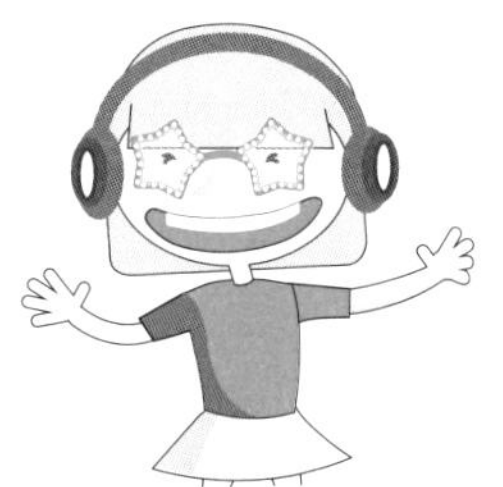

아이 원투 추래블 어롸운- 더
워ㅏ을드 바이 마이ㅅ셀프.

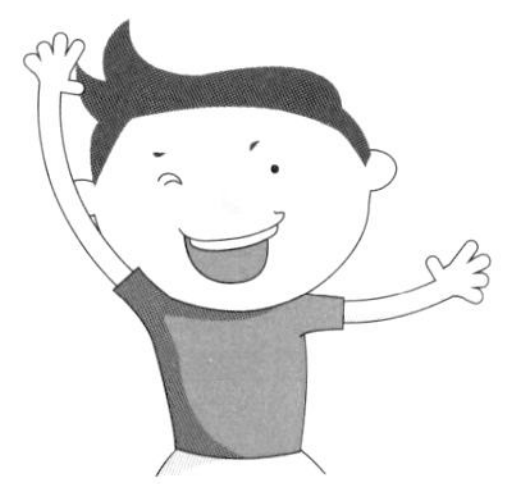

싸운즈 그레잇!

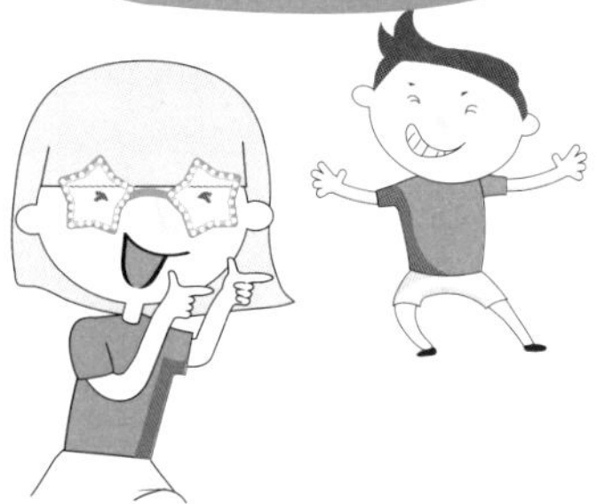

01 아임 앵셔스 어바웃 마이 파더r즈 헬쓰.

02 히 주루 어 호뤼잔틀 라인 프럼 더 레프트.

03 쉬 딧 롹 클라이밍 인도어r즈.

04 데이 킵 더 와인 인 더 베이쓰멘트.

05 쉬 주뤠그드 어 헤비 수웃케이스.

06 더 테크니션 해더 하r- 타임 픽씽 더 스토우브.

07 더 소울저r즈 워r 이쿠입트 위쓰 건즈 앤(드) 나이브즈.

08 마이 프롸이드 갓 허r트 비커우즈 어브 히즈 루드네쓰.

09 더 엠퍼뤄r즈 툼 이즈 애즈 빅 애저 힐.

10 더 추뤠인 이즈 어프로우칭 써울 스테이션.

11 유어r 쏘우 캄-피튼트 댓 유 캔 쌀-브 디쓰 프롸블럼.

12 더 크롸커다일 앤- 더 히포 팟- 인 더 뤼버r.

13 더 스프륑 브뤼즈 이즈 써프틀리 블로윙 인 더 포뤠스트.

14 쉬 테익스 어 필 에브뤼 데이 비커우즈 어브 헐 일네쓰.

15 디 에너미 해즈 어 파워r풀 웨뻔.

데이 41-2

01 "아이 원", 히 엑스클레임드.

02 도운(트) 푸쉬 미 어싸이드 에니모어r.

03 더 바r버r 니-틀리 컷 마이 헤어r.

04 히 롤- 더 다이쓰 앤(드) 갓 씩스.

05 이파이 도운(트) 노우 더 워r드, 아이 뤼퍼r 투 더 딕셔네뤼.

06 더 씩 퍼r쓴 그로운드 위쓰 페인.

07 더 포어r춘 가데쓰 케임 투 힘 디쓰 타임.

08 포뤼너r즈 엔비 더 써울 메추로우.

09 와런 어r쓰 이즈 디 어뤼쥔 어브 리빙 띵쓰?

10 유어r 페이쓰 뤼마인즈 미 어브 마이 씨스터r.

11 더 카r버r 칼브드 어 머r메이드 아우럽 스토운.

12 어 탁씩 썹스뗀쓰 릭트 프럼 더 팩추뤼.

13 위 해브 언 애버뤼쥐 어브 트웨니 파이브 스튜든츠 인 에브뤼 클래쓰.

14 더 헤드쿠워r터r 어브 더 컴뻐니 이즈 인 써울.

15 더 베이비 이즈 슬리핑 컴프터블리 인 더 크뤠들.

★ 밑줄 프 = f , 르 = r , 브 = v 발음 표기

01 히 추뤤슬레이츠 잉글리쉬 투 코뤼언.

02 에브뤼원 뉴 어바웃 더 시크뤗 엑쎕트 포어r 미.

03 쉬 이즈 인조잉 더 뷰 어브 더 썬롸이즈.

04 어웨이크 오어r 어슬립, 히 띵스 어버r.

05 언 아이들 퍼r쓴 해즈 어 하r드 타임 썩씨딩.

06 허r 보이쓰 이즈 텐더r 벗 파워r풀.

07 에어r 컨디셔너r즈 컨-숨 얼라럽 일렉추뤼씨리.

08 아이 워즈 스케어r드 웬 더 빅- 독-즈 바r트.

09 아이 뤼씨브 띵즈 인 어드밴쓰 앤드 아이 페이 애프터r워r드.

10 더 월프 스타r팃 투 하울 인 더 워즈.

11 아이 워r크 애즈 언 아퍼뤠이터r 애러 텔러포운 컴뻐니.

12 데어r 아r 메니 영 멍-쓰 앳 더 템플.

13 더 브뤠이브 워뤼어r 디피-릿 더 휴쥐 주뤠곤.

14 히 푸러 레이블 언 더 와인 바를.

15 아이 벳 얼 마이 포어r춘 언 히즈 빅토뤼.

01 아이 워즈 쏘우 업쎗 댓 아이 스코울딧 마이 썬.

02 더 맨 이그노어r- 더 추뤠픽 씨그늘.

03 포어r추늘리, 쉬 워즈 낫 허r트 배들리.

04 아이 퍼r니쉬팀 위쓰 더 애큐륏 인포어r메이션.

05 배드 웨더r 루인드 아워r 추륍.

06 아이 쎈트 어 파r티 인버테이션 투 어 뤨러티브.

07 후 엘쓰 아r 유 워r킹 위쓰?

08 더 거번멘트 디클레어r드 더 뤼절트 어브 더 일렉션.

09 히 이즈 어 프뤤취 맨 프럼 프뤤쓰.

10 잇 워즈 다r크 쏘우 히 턴드 언 더 카r즈 헤들라잇.

11 아이 캔 륄렉스 비커우즈 더 파이늘 이그젬 워즈 오우버r.

12 쉬 밧- 허r 페어뤈츠 기프츠 위쓰 허r 얼라완쓰.

13 아이 겟 페이드 어 쌜러뤼 포어r 마이 레이버r.

14 리-브 롸잇 나우, 아더r와이즈 유일 비 레잇.

15 아이 해브 낫 씬 힘 애롤 나우어데이즈.

★ 밑줄 프 = f , 르 = r , 브 = v 발음 표기

01 쉬 파운드 어 퍼밀리어r 페이쓰 앳 더 파r티.

02 데어r 이즈 언 앱썰룻- 갓 인 이취 뤌리줜.

03 스빠이더r맨 샷 어 웹 프럼 어 클리프.

04 디쓰 베쓸 이즈 유즈풀 인 더 키췬.

05 어 스왈로우 이즈 트위터륑 어너 브뤤취.

06 쉬 갓 륏 어브 더 더스트 인 더 베이쓰멘트.

07 히 어플라이드 포어r 어 주롸이버r즈 라이쎈스 테스트.

08 아이 라익 더 하r머니 어브 컬러r즈 인 디쓰 페인팅.

09 아이 슛 엑써r싸이즈 투 스떼이 헬띠.

10 쉬즈 위쉬풀 투 추뤠블 투 유럽.

11 히즈 위티 스삐-취 메이- 더 어디션쓰 라프.

12 디쓰 픽처r 쇼우즈 언 에이션(트) 퓨너뤌.

13 히 프러포우즈드 어 뉴 플랜 앳 더 미링.

14 아워r 샵 쎌즈 핸드메이드 백-즈.

15 엘러멘추뤼 스쿨즈 프로바이드 베이씩 에주케이션.

01 더 펄-리쓰 써스펙팃 히 유즈드 페이크 머니.

02 더 위너r 어브 더 맷취 윌 테익 더 프롸이즈 머니.

03 아이언맨 썰바이브- 더 에너미즈 어택.

04 디 아피쓰 하이어r드 어 캄-피튼- 스태프.

05 더 투 컨추뤼즈 싸인드 어 피-쓰 어그뤼멘트.

06 소울저r즈 얼웨이즈 디펜- 데어r 컨추뤼.

07 히 줴너뤌리 고우즈 투 베드 앳 텐.

08 쉬 인베스팃 원 빌리언 인 더 컴뻐니.

09 더 어떠r 온리 롸이츠 디텍티브 스또뤼즈.

10 애드 에잇 어겐 투 더 토우를.

11 히즈 워뤼더바웃 히즈 마더r즈 씩네쓰.

12 더 뤼쓴트 이카너믹 크롸이씨스 이즈 씨뤼어쓰.

13 쉬 레이드 어 띡 카r펫 인 더 리빙 룸.

14 히 파운드 언 임포어r튼(트) 클루 포어r 더 케이쓰.

15 민수 이즈 더 호우스트 어브 더 웰컴 파r티 투데이.

★ 밑줄 프 = f , 르 = r , 브 = v 발음 표기

01 아이 레프트 마이 월렛 언 더 버쓰.

02 롹 클라이밍 이즈 어 퍼r펙트 인도어r 엑써r싸이즈.

03 렛츠 스위취 더 써브줵트 어브 더 스토뤼 투 컬처r.

04 애-씻 미츠 베이쓰 투 메이꺼 썰-트.

05 디쓰 호우텔 써r브즈 비-프 포어r 브뤡퍼스트.

06 어 스웜 어브 비-즈 아r 스팅잉 마이 암즈 앤(드) 렉-즈.

07 디쓰 북 프로바이즈 언 인덱쓰 앳 디 엔드.

08 어 헬띠 마인드 리브즈 이너 헬띠 바디.

09 아이 센트 어 컹그뤠출레이션 카r드 투 힘.

10 쉬 풋 프뤠이그뤈(트) 캔들즈 인 더 룸.

11 히 스탭드 더 만-스터r 위쓰 어 플레이밍 쏘어r드.

12 아이 엠 씨-킹 디 앤써r 투 댓 프롸블럼.

13 히 리브즈 위쓰 히즈 그뤤드마 비커우즈 히 이즈 언 오어r펀.

14 히 얼웨이즈 프뤼텐딧 투 비 뤼취.

15 디 앵글 어브 더 뤡탱글 이즈 나인티 디그뤼즈.

01 히 쌀-브- 디피컬트 매쓰 쿠에스천즈 이즐리.

02 더 커플 웍트 더 패쓰 인 더 포뤠스트.

03 아이 로우트 언 아r티클 어바우림 인 더 로우클 뉴쓰페이뻐r.

04 더 달-핀 렙트 하이 어버브 더 워러r.

05 데이 파운드 어 머미 인 이쥡트.

06 더 아r미 앤드 네이비 아r 추뤠이닝 투게더r.

07 뤼핏- 이그제클리 와라이 쎄드.

08 더 프로페써r 티치즈 피직스 하r드.

09 독-즈 아r 줴너뤌리 쎈써티브 투 쎈트.

10 더 게스츠 아r 써r칭 포어r 더 엑씻.

11 페어뤈츠 피-드 앤(드) 크로우뜨 데어r 췰주뤈.

12 쉬 롸이츠 다이어뤼 데일리 위다웃 미씽 어 데이.

13 뤼퍼r 투 더 쌤플 어태취- 투 더 다큐멘트.

14 히 카운팃 더 에그즈 인 더 버r즈 네스트.

15 히 애슥트 얼라럽 엠배뤄씽 쿠에스천즈.

★ 밑줄 프 = f , 르 = r , 브 = v 발음 표기

01 더 캡틴 토울- 더 그루 투 롸이즈 더 앵커r.

02 디쓰 디바이쓰 메저r즈 더 템퍼r처r 앤드 휴미더리.

03 아이 스뻰드 마이 머니 위띤 마이 버쥇.

04 줴니 이즈 어 뤼을리 스마r트 앤드 러블리 워먼.

05 더 파이어r맨 추롸이드 아r티피셜 뤠스뻐뤠이션 언 더 더미.

06 웨잇 히어r 틸 아이 컴 백.

07 쉬 와입트 더 테이블 위쓰 어 댐프 크러-쓰.

08 히 웨어r즈 카-튼 팬츠 인 히즈 프뤼 타임.

09 더 씩 퍼r쓴 이즈 이너 데인줘뤄쓰 컨디션.

10 더 너r쓰 스텅 마이 암 위쓰 어 니들.

11 데어r즈 어 그뤠주에이션 인 페브뤄뤼 디쓰 이어r.

12 데어r 이즈 어 프롸버r브 댓 쎄즈, '타임 이즈 고울드'.

13 더 피쁠 일렉팃 어 뉴 프뤠지든트.

14 히 카r브- 더 스토운 투 빌드 어 스태추.

15 더 헌터r 샷 더 건 투워r즈 더 버r드.

01 더 마운튼 픽 이즈 커버r드 인 스노우.

02 쉬 블리브즈 인 더 엑지스턴쓰 어브 에인쥘즈 앤(드) 데블즈.

03 더 가r드너r 더가웃 더 소일 위쓰 더 스페이드.

04 쉬 풀- 더 호어r시즈 뤠인즈 투 메이낏 스땁.

05 어너 뤠이니 데이 더 플로어r 이즈 더r티 위쓰 머드.

06 어 픽파-킷 스토울 더 워먼즈 퍼r쓰.

07 히 워r쉽- 더 부다 인 더 템플.

08 더 하스피를 프로바이즈 헬쓰케어r 투 더 페이션트.

09 데이 아r 트윈스 벗 데어r 캐뤽터r즈 아r 디퍼뤈트.

10 데어r 아r 얼라럽 독-즈 인 아워r 네 이버r후드.

11 핑거r프륀츠 아r 슈어r 에비든쓰 어브 크롸임.

12 아이 원- 투 인바이츄 투 더 파r티.

13 유어 추롸우저r즈 앤드 셔r트 룩 굿.

14 더 스추륌 플로우드 뤠피들리 애프터r 잇 뤠인드.

15 히 롤덥 히즈 슬리-브 투 겟 더 인퀙션.

★ 밑줄 프 = f , 르 = r , 브 = v 발음 표기

01 더 프로페써r즈 렉처r즈 아r 워r쓰 리쓰닝 투.

02 더 캐뤼쥐 스추뤄글드 언 더 뤄프 로우드.

03 히 주루 써r클즈, 추롸이앵글즈 앤드 스쿠웨어r즈.

04 허r 췩쓰 턴드 뤠드 윗 쉐임.

05 아이 페인팃 어 내셔늘 플래그 어너 블랭크 페이퍼r.

06 더 스삐드 어브 와이어r레스 커뮤니케이션 이즈 인크뤼씽.

07 히 이즈 어 뉴 쎄틀러r 후 줘스트 무브딘.

08 쉬 웍트 베어r풋 언 더 쌘-드.

09 더 추롸입 이즈 파r 프럼 씨블리제이션.

10 더 스토어r 프로바이즈 뤼씨-츠 투 잇츠 커스터머r즈.

11 인 더 스프륑 더 추뤼즈 아r 뷰리풀 인 블라썸.

12 마이 노우즈 이즈 잇취 앤드 뤄니 비커우즈 어브 더 코울드.

13 히 캇- 어 뤳 위쓰 어 스틸 추뤱.

14 더 팬즈 블레이즈 아r 슬로울리 뤼발-빙.

15 더 펄-리쓰 인스펙팃 더 씬 어브 더 액-씨든트.

데이 46-2

01 애쁠 씨-즈 그로우 앤(드) 베어r 푸루트.

02 히 플레이쓰트 롹쓰 인 오어r더r 투 크러-쓰 더 크뤽.

03 아이 캔 하r들리 씨 허r 레잇리.

04 유 니드 미너뤌즈 투 스추뤵뜬 유어r 보운즈.

05 더 닥터r 디벨로웁트 어 추륏멘트 포어r 더 디지즈.

06 쉬 킵쓰 푸드 인 더 뤼프뤼쥐뤠이터r.

07 더 퍼r포우즈 어브 디쓰 미링 이즈 투 파인더 썰루션.

08 히 워r트 데이 앤(드) 나잇 포어r 더 패-스트 씩스 먼쓰.

09 도운(트) 스플래쉬 워러r 언 마이 포운.

10 더 줸틀 브뤼즈 블루 써프틀리.

11 더 휴먼 스피륏 다머네이츠 더 바디.

12 러브 이즈 히어r, 데어r, 앤드 에브뤼웨어r.

13 더 파일 어브 북쓰 언 더 데스크 컬랩-스트.

14 아이 액씨덴틀리 스필드 마이 비어r 언 더 플로어r.

15 더 웜 썬샤인 필- 더 룸.

★ 밑줄 프 = f , 르 = r , 브 = v 발음 표기

01 히즈 디씨전 투 게럽 어r리 이즈 펌.

02 퓨 비지러r즈 케임 투 디쓰 뮤지엄.

03 쉬 디슬라익쓰 디쓰아니스트 피쁠.

04 히 턴드 히즈 핸디캡 인투 언 어브밴티쥐.

05 아이 어태취트 더 포우토 투 더 애플리케이션.

06 히 췌뤼쉬트 히즈 칼-리그즈 라익 히즈 페믈리.

07 허r 룸 이즈 얼웨이즈 타이디 앤드 클린.

08 더 컴뻐니즈 워r커r즈 웨어r 유니폼-즈.

09 쉬 해더 원더r풀 웨딩 앳 춰r취.

10 더 쎄컨드 쎄미스터r 스타r츠 인 쎕템버r.

11 쉬 슬랩트 히즈 췩 위쓰 허r 팜.

12 후 이즈 더 인벤터r 어브 더 텔러포운?

13 히 프뤠스- 더 엠티 박쓰 투 뤼듀쓰 잇츠 발-륨.

14 더 플루 이즈 스프뤠딩 쓰루아웃 더 컨추뤼.

15 쉬즈 언이지 어바웃 허r 파더r즈 헬쓰.

01 더 맨 이즈 포울딩 런-주뤼 인 더 배쓰룸.

02 히 웬트 포어r워r드 어겐스트 더 윈드.

03 더 캐뤼쥐 이즈 고잉 다운 어 롸키 패쓰.

04 히 펠트 호움씩 포어r 히즈 호움타운.

05 쉬 롸이즈- 더 밸류 어브 더 하우쓰 바이 뤼페어륑 잇.

06 휴먼즈 런 랭귀쥐즈 바이 이미테이션.

07 루피 이즈 어 캡틴 웨어륑 어 스추롸 햇.

08 도운(트) 겟 미 인발-브드 인 유어r 파이트.

09 더 탑 이즈 스삐닝 언 디 아이쓰.

10 쉬 이즈 인조잉 더 쓰륄 어브 더 바이킹.

11 더 파이어r맨 이즈 스프뤠잉 워러r 위쓰 더 호우즈.

12 내-써 파운(드) 추뤠이씨즈 어브 워러r 언 마r즈.

13 히 싸인드 위쓰 륄리-프 웬 히 써- 히즈 썬.

14 아이 추뤠블드 어브롸-드 주륑 더 렁- 할러데이.

15 마이 앤쎄스터r즈 그뤠이브 이즈 커버r드 위쓰 그뤠쓰.

★ 밑줄 프 = f , 르 = r , 브 = v 발음 표기

01 위 뤼플레이쓰- 더 루프 오우버r 더 위켄드.

02 더 로우맨 워뤼어r즈 갓 언 더 췌뤼어츠.

03 히 에잇 김치 누들즈 포r 런취.

04 더 보-쓰 슌 리쓴 투 더 이너r즈 어피니언즈.

05 더 쏘울 레프- 더 바디 에프터r 데쓰.

06 아이 겟 프뤼셔스 위즈듬 프럼 더 쎄잉.

07 더 나잇 닐-드 비포r 더 킹.

08 허r 오뤼쥐늘 플랜 워즈 디퍼뤈트 프럼 더 커뤈트 원.

09 더 볼케이노우 엑스플로우릿 위쓰 라바.

10 마이 엘더r 브롸더r 이즈 투 이어r즈 오울더r 댄 미.

11 더 커플 플랜즈 투 웰- 넥스트 펄-.

12 더 크뤠인 해즈 렁- 앤드 슬렌더r 렉-즈.

13 쉬 타잇리 타이- 더 스니커r즈 레이씨즈.

14 히 이즈 어 라이브뤠뤼언 앳 더 퍼블릭 라이브뤠뤼.

15 플리즈 에딧 디쓰 뤼포어r트 바이 프롸이데이.

01 레인주랍쓰 펠 언 마이 헤드 프럼 더 스까이.

02 쎄이빙 머니 이즈 어 팔러틱 비헤이비어r.

03 쉬 풋 허r 퍼r써늘 스떠프 인 더 락커r.

04 아이 해브 메니 스파-츠 언 마이 페이스.

05 더 매쓰 이그재머네이션 워즈 베뤼 디피컬트.

06 쉬 이즈 보일링 워러r 인 더 팟.

07 데이 킵 언 인티밋 뤨레이션쉽.

08 더 루너r 쉐입 췌인쥐즈 위쓰 타임.

09 디즈 머쉰즈 워r크 언 더 쎄임 프륀써플.

10 쉬 풋 언 이뤠이써r 인 더 데슥쓰 주롸-워r.

11 왓 타임 더즈 유어r 스쿨 유즈을리 엔드?

12 더 스쿠워뤌 베뤼드 피-너츠 앤드 췌스너츠 인 더 그롸운드.

13 디 인스추뤅터r 프로바이즈 어 써머뤼 어브 더 렉처r.

14 아이 딜 쏘-이 쏘-쓰 앤드 토우푸 위쓰 댓 컴뻐니.

15 히즈 어 굿 펠로우 훔 아이 캔 추뤄스트.

★ 밑줄 프 = f , 르 = r , 브 = v 발음 표기

01 쉬 륄레이- 더 뉴쓰 투 허r 페믈리.

02 아이 써머롸이즈- 더 엔타이어r 컨텐트 인 원 쎈텐쓰.

03 아이 햇 투 리-브 호움 비포어r 썬롸이즈.

04 더 헌터r 이즈 퍼밀리어r 위쓰 디쓰 에어뤼아.

05 댓 엠플로이- 어픈 플래터r즈 더 보-쓰.

06 더 쉐이펍 바이씨클 윌-즈 이즈 어 써r클.

07 히 해즈 더 듀리 투 서포어r트 히즈 페믈리.

08 쉬 캔-(트) 워-크 웰 위쓰 허r 렉- 인저뤼.

09 아이 뤼페어r드 어 브로큰 아이언.

10 히 인써r팃 어 코인 인투 더 벤딩 머쉰.

11 디쓰 머티뤼을 이즈 메이럽 투 엘러멘츠.

12 더 취어r리-더r 취어r- 더 싸커r 플레이어r즈.

13 더 박써r즈 스테어r드 앳 이취 아더r 인 디 아이즈.

14 히 풀- 더 테이블 투워r즈 더 베드싸이즈.

15 마이 디스어드밴티쥐 이즈 랙 어브 익쓰피어뤼언쓰.

01 허r 뉴 클로우즈 어추뤡팃 마이 어텐션.

02 해브 브뤠드 앤드 크뤠커r즈 애즈 애퍼타이저r즈.

03 아이 주루 어 스추뤠잇 라인 윗 떠 룰러r.

04 더r티 핸즈 해브 메니 점-즈.

05 어 페믈리 이즈 더 스멀리스트 커뮤너리.

06 더 헌터r 풋 미-린 더 추뤱 애즈 베잇.

07 아이 도운(트) 인터r피어r 위쓰 허r 프롸이버씨.

08 히 다이드 어버 하r- 더택 라스- 나잇.

09 디즈 타이뻡 쿠키즈 쎌 웰 뤼쓴리.

10 언 어-러머빌 이즈 어 네쎄써리 포어r 마-런 피쁠.

11 디 엉클 게이브 히즈 니-쓰 얼라럽 파킷 머니.

12 아일 턴 마이 디터r머네이션 인투 액션.

13 썬 고우쿠 이즈 어 배를 클랜 노운 애즈 워뤼어r.

14 휴먼즈 아r 오뤼쥐늘리 쏘우셜 애니멀즈.

15 더 패-뤄츠 빅 이즈 쇼어r트 앤드 커r브드.

★ 밑줄 프 = f , 르 = r , 브 = v 발음 표기

01 히즈 언 어r췬리 원팃 크뤼미늘.

02 히 디싸이릿 투 룩 포어r 어 좝 엘쓰웨어r.

03 쉬 쏘- 더 페이퍼r 보웃 주뤼프트.

04 더 클러r크 풋 어 프롸이쓰 택- 언 더 아이럼즈 언 더 쉘프.

05 테이크 유어 뤠인코웃 어너 스토어r미 데이.

06 히 캔-(트) 스피크 클리어r리 비커우즈 어브 히즈 인줘r드 좌-.

07 쉬 풋 슬라이씨즈 어브 큐컴버r 언 허r 페이쓰.

08 아이 오어r더r드 마이 스테잌 웰-던.

09 히 가러 닥-터뤳 프럼 디 유니버r써리.

10 아이 메이러 라인 바이 트위스팅 더 스추롸-.

11 더 크루 유즈- 더 패들 투 스티어r 더 보웃.

12 매그니피쓴트 템플즈 아r 메인리 인 더 마운튼즈.

13 쉬 해즈 플렌티 어브 머니 인 허r 월렛.

14 히 디른(트) 뤼을라이즈 히즈 페어뤈츠 러브 포어r 힘.

15 더 빌리줘r즈 헬드 어 웰커밍 파r티.

01 더 펄-리쓰 풋 핸드커프쓰 언 히즈 뤼스츠.

02 더 추뤼 써플라이즈 악-씨줜 투 휴먼즈.

03 발-런테뤼 스튜든츠 아r 헬핑 티-처r즈.

04 에브뤼원 원츠 투 리브 어 헬띠 라이프.

05 아이 뤼싸이클 바틀즈 앤드 페이퍼r 인 쎄버뤌 웨이즈.

06 디(쓰) 스팟 윌 디써피어r 투머로우.

07 더 프런트 앤(드) 뤼어r 어브 디쓰 보우트 아r 베뤼 씨믈러r.

08 히 나-딧 히즈 헤드 업 앤 다운.

09 마이 파더r즈 언임프로이멘트 메잇 미 스땁 마이 스쿨워r크.

10 더 좌일드 이즈 써킹 히즈 떰 위쓰 히즈 마우쓰.

11 더 줸틀맨 이즈 줴너뤄쓰 앤드 펄라잇.

12 더 서브웨이 이즈 크롸우딧 위쓰 메니 피쁠.

13 디쓰 헨 레이드 고울든 엑-즈 에브뤼데이.

14 아이 스킵- 더 디피컬(트) 쿠에스천즈 주륑 더 이그잼.

15 더 영 맨 해즈 어 프롸미씽 퓨처r.

★ 밑줄 프 = f , 르 = r , 브 = v 발음 표기

MP3 파일은
큐알코드 또는http://reurl.kr/2C85369ZP 에서
다운로드 가능합니다.

파트

와리즈 더 뤼즌
유 스떠디 잉글리쉬?

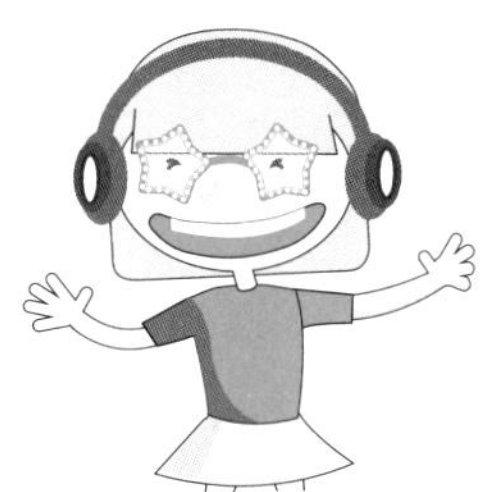

아이 원투 추래블 어롸운- 더
워r을드 바이 마이쎌프.

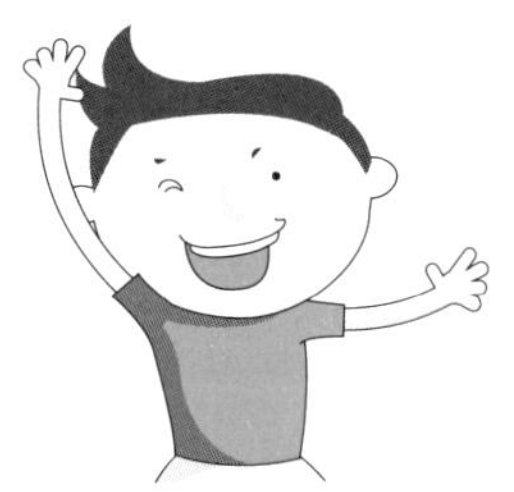

싸운즈 그레잇!

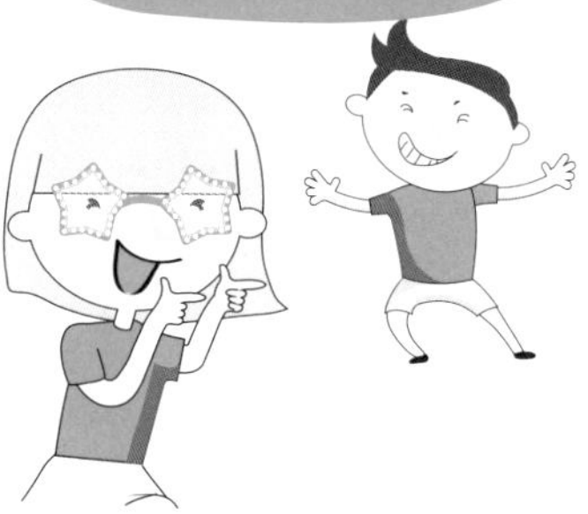

01 히 더즈 낫 뤼그뤳 히즈 디씨전.

02 쉬 게이즈드 앳 미 인 어메이즈멘트.

03 아이 원(트) 투 비 어 핏처r 후 핏취즈 볼-즈 웰.

04 더 플래그 플러터r드 백 앤 포어r쓰 인 더 브뤼즈.

05 히즈 포어r머r 좝 워즈 어 캣처r.

06 쉬 타이드 허r 도-러r즈 헤어r 인 어 포우니테일.

07 마이 씩 파더r 위클리 콜-드 마이 네임.

08 웰쓰 더즈 낫 얼웨이즈 브륑 해피네쓰.

09 데어r 이즈 어 그뤤(드) 도어r 앳 더 캐슬.

10 틴에이쥐 컬처r 이즈 디퍼뤈트 프럼 어덜트 컬처r.

11 쉬 펠트 어 빅- 페인 비커우즈 어브 헐 캔써r.

12 히즈 와이프쓰 데쓰 레림 투 폴- 인투 딥 그뤼프.

13 아이 워r트 애즈 어 북키퍼r 앳 더 뱅크.

14 더 쎄미컨덕터r 인더스추뤼 이즈 임포어r튼트 인 코뤼아.

15 플러즈 앤드 주롸우츠 아r 티피클 네이처뤌 디자스터r즈.

01 마이 도-러r 썸타임즈 스픽쓰 라이꺼 그로우넙.

02 더 하이트 어브 더 리-버r 디펜즈 언 더 타이드.

03 아이 딧 마이 인추로덕션 베뤼 웰.

04 위 디펜드 언 더 미디아 포어r 인포어r메이션.

05 유 메이 유즈 디쓰 룸 포어r 어 와일.

06 히 럽(드) 더 엣쥐 어브 더 테이블 위쓰 쌘드페이퍼r.

07 어 발리볼- 플레이어r 토-쓰트 어 볼- 투 히즈 어포우넌트.

08 이즈 데어r 어 포우스트 아피스 니어r바이?

09 쉬 씸즈 투 비 비지 나우어데이즈.

10 필 프뤼 투 엑쓰프뤠쓰 유어r 오운 어피니언즈.

11 더 빌리쥐 이즈 로우케이릿 앳 더 베이쓰 어버 마운튼.

12 데이 빌트 어 브롸드 하이웨이.

13 아워r 추룹쓰 팟- 피어r쓸리 위쓰 더 에너미.

14 더 메일 버r드 이즈 씽잉 포어r 더 피메일 버r드.

15 더 마이저r 힛- 히즈 프롸퍼r티 인 더 클라-젯.

★ 밑줄 프 = f , 르 = r , 브 = v 발음 표기

01 히 웨어r즈 글래씨즈 비커우즈 히 해즈 밴- 비전.

02 히 워즈 어추뤡팃 투 허r 뷰리 앳 퍼r스- 싸이트.

03 더 킹 메이러 크롸운 아우럽 퓨어r 고울드.

04 더 내셔늘 플래그 이즈 더 심벌 어브 더 컨추뤼.

05 더 두을 비트윈 더 투 펜써r즈 워즈 피어r쓰.

06 히 러-스트 밸런쓰 언 더 추뤼 앤- 펠.

07 더 슈메이커r 이즈 뤼페어룅 마이 슈-즈.

08 아이 락- 더 도어r 어브 마이 프뤡틱스 췌임버r.

09 더 뎁쓰 어브 디쓰 판-드 이즈 오우버r 쓰뤼 미러r즈.

10 쉬 믹쓰트 플라워r 앤드 밀크 이너 보울.

11 패-션 매거진즈 아r 풀 어브 스키니 마-를즈.

12 더 뉴 프뤠지든트 유니파이드 더 디바이릿 컨추뤼.

13 어 블랙스미쓰 딥터 핫 쏘어r드 인투 더 워러r.

14 허r 컨페션 워즈 이너프 투 써r프롸이즈 힘.

15 히 딧- 호움워r크 위쓰 좌이들라익 핸드롸이링.

01 워리즈 더 띠임 어브 디쓰 원주 워r크샵?

02 쉬 워r쓰 위쓰 어 코-워r커r 인 디 아-피스.

03 히 뤼그뤠릿 댓 히 미쓰- 디 아퍼r튜너리.

04 쉬 쓰루 어웨이 더 티슈 인투 더 더스-빈.

05 어 덤 맨 커뮤니케이릿 위쓰 히즈 핸즈.

06 아이 쇼운 어 플래쉴라잇 애러 뤳 호울.

07 더 무비 갓 모우슬리 네거리브 뤼뷰즈.

08 뤄피 이즈 더 캡틴 어브 더 스추롸 햇 파이뤠츠.

09 더 다이얼록- 비트윈 더 투 피쁠 워즈 뤼코어r딧.

10 뮤직 캔 힐- 어 페이션츠 하r트.

11 쉬 프뤼퍼r즈 더 컨추뤼싸이- 투 더 씨리.

12 페어r즈 아r 익쓰펜씨브 벗 버내너즈 아r 췹.

13 쉬 마운팃 더 힐 투 왓취 더 썬쎗.

14 더 리자r드 클렁 패스- 투 더 씨일링.

15 마이 그뤤드파더r 워즈 베뤼드 인 더 페믈리 쎄미테뤼.

★ 밑줄 프 = f , 르 = r , 브 = v 발음 표기

01 쉬 스프뤠이드 퍼r퓸 언 허r 뤼스트.

02 브뤼프케이씨즈 메이럽 레더r 아r 익쓰펜씨브.

03 더 크롸우드 췐팃 더 네임 어브 더 위너r.

04 히 푸러 포어r믈 다큐멘트 언 더 불레튼 보어r드.

05 어 스떼떠스코웁 이즈 어 커먼 메리클 툴.

06 쉬 프롸이- 더 스쿠위드 인 오일.

07 댓츠 어 뤼을 바r겐 앳 댓 프롸이쓰.

08 아이 허r드 마이 에코우 웬 아이 샤우릿 인 더 밸리.

09 히 미쓰 더 굿 췐쓰 비커우즈 어브 히즈 레이지네쓰.

10 쉬 킥트 허r 티-징 리를 브롸더r 하r드.

11 히 이즈 뤼커버륑 프럼 더 카r 액씨든트.

12 더 플라잇 프럼 코뤼아 투 어메뤼카 워즈 컴프터블.

13 아워r 포어r씨즈 워r 뤠디 포어r 더 에너미즈 어드밴쓰.

14 쉬 오우버r허r- 더 보-씨즈 컨버r쎄이션.

15 더 카r 슬램드 인투 더 추뤙크 어브 더 추뤼.

01 쉬 워즈 뤼을리 텐쓰 비커우즈 어브 더 엔추뤤쓰 이그잼.

02 어 뤠빗 이즈 어 스멀 퍼뤼 애니멀.

03 더 포우엣 롸이츠 더 뷰리 어브 네이처r 인투 어 포움.

04 더 췔린쥐 워즈 더 웨이스트 어브 타임 앤- 머니.

05 어 프뤠지든트 이즈 어 리-더r 어버 네이션.

06 더 스멀- 배쓰룸 이즈 풀 어브 스팀.

07 호울 던 투 더 바럼 어브 더 래더r.

08 인디비주얼즈 해브 프뤼듬 어브 엑스프뤠쎤.

09 히 헐-팃 앳 더 엣쥐 어브 더 클리프.

10 해뷰 에버r 빈 투 런든?

11 아워r 앤쎄스터r즈 레프트 언 아웃스땐딩 헤뤼티쥐.

12 아이 해브 익쓰피어뤼언쓰트 컬추뤌 샥 인 촤이나.

13 어 쎄일보웃 이즈 어 쉽 댓 무브즈 위쓰 윈드 파워r.

14 스추뤠잇 헤어r 이즈 어 패셔너블 헤어r스타일.

15 도운(트) 워-크 페이스다운 언 더 로우드.

★ 밑줄 프 = f , 르 = r , 브 = v 발음 표기

01 어 씽어r 엑스프뤠씨즈 이모우션즈 쓰루 데어r 리뤽쓰.

02 아이 디든(트) 엑쓰펙팀 투 비짓 미.

03 더 롸버r 유즈드 바이얼런쓰 언 더 씨티즌.

04 더 줘쥐 어플라이즈 더 로- 인 코어r트 스추뤽틀리.

05 위 해브 런드 유즈플 레쓴즈 프럼 페이블즈.

06 더 랜드스케입 프럼 더 힐 이즈 원더r플.

07 도운(트) 추뤄스트 썸원 후 유즈을리 해즈 노우 크뤠딧.

08 아이 뤼오우픈- 더 프뤼비어스 페이쥐.

09 더 파r티 오우너r 추뤼팃 더 게스트 카인들리.

10 쉬 블리브드 인 히즈 줘쥐멘트 앤드 팔로우 딤.

11 어 딕셔네뤼 이즈 어 머스트 포어r 스터딩 잉글리쉬.

12 원 오어r 투 스추륏 라이츠 리럽 앳 더스크.

13 매떠매릭쓰 이즈 더 모우스트 디피컬트 써브쥌트 포어r 미.

14 머스키토우 스멜 더 쎈트 어브 휴먼 블러드 웰.

15 히 허r드 허r 샤우츠 어브 조이.

01 더 썬 이즈 어 스멀 스타r 인디 유니버r쓰.

02 위 니- 투 페인- 디 엑스티뤄어r 어브 아워r 하우쓰.

03 히 프롸미쓰- 투 킵 히즈 어포인-멘트.

04 디쓰 머쉰 턴즈 썬라잇 인투 일렉추뤼써리.

05 히 게이버 씬씨어r 어팔러쥐 포어r 더 레잇네쓰.

06 더 스쿠워r뤌 카운팃 더 넘버r 어브 에이콘-즈.

07 히 풋 더 베잇 언 더 훅 포어r 피쒱.

08 디 엑쓰플로-뤌 해즈 얼라럽 브뤠이버뤼.

09 디쓰 이즈 어 메떳 어브 메모롸이징 잉글리쉬 워r즈.

10 히 웨이- 더 파r쓸 위쓰 어 스프륑 스케일.

11 더 퍼블리슁 컴뻐니 퍼블리쉬트 어 퍼니 스토뤼북.

12 히 클레임드 어 토를리 디퍼뤈- 띠어뤼.

13 허r 스삐취 익싸이릿 디 어-디언쓰.

14 아이 뤼플라이- 투 히즈 디피컬트 쿠에스천.

15 히 디든(트) 블레임 미 포어r 마이 페일리어r.

★ 밑줄 프 = f , 르 = r , 브 = v 발음 표기

01 더 보-쓰 메이러 다이뤡- 콜- 투 더 컨수머r.

02 쉬 헤즈테이츠 투 엑쓰프뤠쓰 허r 이모우션즈.

03 더 췐틀맨 해즈 어 버롸이어리 어브 수츠.

04 히 쉬프팃 히즈 기어r 프럼 뤼버r쓰 투 주롸이브.

05 아이 프뤼페어r드 허r 그뤠주에이션 기프트.

06 아이 인폼- 더 폴-리쓰 어브 마이 로우케이션.

07 씰 디 인벨로웁 투 킵 더 시크륏트.

08 줴니 라익쓰 스케어뤼 호-뤄r 무비즈.

09 더 로이여r즈 좝 이즈 투 프러텍- 더 클라이언트.

10 어 클라운 갓 뤼러브 줴니즈 글룸.

11 스피취 이즈 실버r 앤드 싸일런쓰 이즈 고울드.

12 더 어피어뢴쓰 어브 고우스츠 프롸이튼- 허r.

13 언포울(드) 더 파이늘 페이쥐 어브 유어 히스토뤼 북.

14 더 쉽쓰 쎄일 슉 바일런리 인 더 스톰.

15 더 뤼절트 어브 디 엑쓰페뤼멘트 쎄리스파이- 더 케미스트.

데이 55-2

01 메니 와일드라이프 아r 루징 데어r 해비태츠.

02 아이 애슥트 포어r 어 파r든 포어r 마이 디스터r번쓰.

03 유어r 프뤼저r 이즈 풀 어브 미트 앤드 피쉬.

04 아이 디든(트) 뤠꺽나이즈 마이 오울- 프뤤드.

05 쉬 릭 터r 어퍼r 립 비커우즈 쉬 펠트 언이지.

06 니더r 디쓰 북 노어r 댓 북 아r 인추뤠스팅.

07 히 픽트 원 어브 쎄버뤌 넘버r즈.

08 데어r 이즈 어 레줜드 대러 주뤠곤 리브드 인 디쓰 레이크.

09 더 컴퍼쓰 기브즈 미 더 익그젝- 디뤡션.

10 어 쉐프 스프륑클- 페퍼r 앤드 파r슬리 인 더 쑤웁.

11 허r 워r즈 앤드 비헤이비어r 아r 컴플릿리 디퍼뤈트.

12 히 프러듀씨즈 일렉추뤼씨리 위쓰 쏘울러r 에너r쥐.

13 줴니 이즈 쥉러쓰 어브 민수즈 썩쎄쓰.

14 일렉추뤽 카r즈 윌 비 카-먼 인 더 퓨처r.

15 데어r즈 어 커-즐 커넥션 비트윈 더 투 케이씨즈.

★ 밑줄 프 = f , 르 = r , 브 = v 발음 표기

01 더 펄-리쓰 인베스터게이릿 더 씬 어브 더 머r더r.

02 쉬 게이 버r 오우쓰 어브 페이쓰 투 허r 륄리줜.

03 더 캐쉬어r 카운팃 더 머니 댓 어 커스터머r 페이드.

04 더 호울 컨추뤼 이즈 인 케이아쓰 애프터r 더 어r쓰쿠윅.

05 히 메이드 팬츠 위쓰 더 월즈 텍스처r.

06 아이 언더r스투드 왓 히 쎄드.

07 더 프뤠임 어브 디쓰 포우토 이즈 메이럽 아이언.

08 아이 유스드 어 테입 룰러r 투 메저r 더 디스떤쓰.

09 아이 포r게이빔 포r 디씨-빙 미.

10 히 프뤠이드 포어r 더 유니티 어브 더 컨추뤼.

11 푸어r 췰주뤈 아r 스타r빙 투 데쓰.

12 쉬 헤즈테이츠 투 엑쓰프뤠쓰 허r 이모우쎤즈.

13 더 윗취 뤼바이브드 어 디-먼 바이 어 스펠.

14 더 커스터머r 컴플레인 더바웃 더 테이스트 어브 더 푸드.

15 원쓰 어뻐너 타임 위 커뮤니케이릿 위쓰 토r쳐즈.

01 히즈 프롸임 고울 디쓰 이어r 이즈 투 게러 프러모우션.

02 잇 이즈 파써블 투 고우 루 쥐팬 바이 스위밍.

03 히 이즈 뤼스빤써블 포r 뤼잘-빙 더 매러r.

04 아이 힛 더 엘보우 언 디 엣쥐 어브 더 데스크.

05 디쓰 로우션 써-픈즈 더 스킨.

06 타이 더 슈레이쓰 타잇리 비포r 뤄닝.

07 좌이나즈 앳머쓰페뤽 펄루션 이즈 뤼을리 씨뤼어쓰.

08 쉬 이그노어r드 마이 그뤼딩.

09 글로우블 워r밍 이즈 어 싸이드 이펙트 어브 씨벌러제이션.

10 더 디텍티브 인베스터게이릿 더 케이쓰 위쓰 히즈 어씨스턴트.

11 히 스웡 앳 더 네이버r즈 위쓰 히즈 피스트 앵그륄리.

12 티븨 디베이츠 아r 헬- 쓰뤼 타임즈 비포r 디 일렉션.

13 그뢉 더 캐므롸 앤- 프뤠쓰 더 버튼.

14 아임 어 페인터r, 나러 롸이러r.

15 마이 스케줄 베뤼즈 어코어r딩 투 더 웨더r.

★ 밑줄 프 = f , 르 = r , 브 = v 발음 표기

01 어 플라겁 쉽 이즈 그뤠이징 인 더 필-드.

02 아이 쿠든(트) 어그뤼 위쓰 허r 프러포우즐.

03 언레쓰 유 와쉬 유어r 핸즈, 도운(트) 잇 디너r.

04 히 베뤼드 어 배스트 어마운트 어브 고울드 인 더 그롸운드.

05 더 파r머r즈 이그재먼- 더 카우즈 앤- 픽-즈.

06 쉬 메이러 서r프롸이즈드 포우즈 포어r 더 픽처r.

07 어 다이먼드 이즈 언 엑쓰뻰씨브 주을.

08 도운(트) 뤄뷰어 노우즈 오r 마우쓰 위쓰 유어 더r디 핸즈.

09 히 펠트 어 리를 디지 웬 히 서든리 워겁.

10 아이 써r취턴 디 인터r넷 투 게인 인포어r메이션.

11 더 디스꺼션 위쓰 허r 워즈 어 빅- 플레저r 포r 미.

12 피쁠즈 아이즈 그로우 딤 위쓰 에이쥐.

13 플리즈 캔쓸 앤- 뤼펀- 디 오어r더r.

14 더 미스트 커버r- 더 로우드 쏘우 아이 쿠든(트) 씨 카r즈.

15 더 브뤠이브 캅 캇- 투 롸버r즈.

01 디 어-떠r 해즌(트) 피니쉬트 히즈 워r 옛.

02 더 퍼니쉬멘트 워즈 하r쉬 앤드 언페어r 투 더 스튜든트.

03 쉬 워r쓰 애전 에디러r 앳 더 퍼블리슁 컴뻐니.

04 보우팅 이즈 임포어r튼(트) 투 뤼포엄 팔러틱쓰.

05 쎌 포운즈 아r 어 툴 어브 커뮤니케이션.

06 쉬 스크뤕드 허r 배쓰룸 클린 위쓰 어 브뤄쉬.

07 디쓰 플랜 워즈 뤙- 프럼 더 비기닝.

08 데어r 이즈 어 쎄잉 댓 아-니스티 이즈 더 베스트 팔러씨.

09 히즈 로울 인 더 뮤지클 워즈 더 메인 캐뤽터r.

10 아이 엑쎕팃 더 카운쎌러r즈 애드바이쓰.

11 쉬 투꺼프 더 브뤠이슬렛 프럼 허r 레프트 뤼스트.

12 히 이즈 이거r 투 왓취 더 레이티스트 무비.

13 아이 스텝트 언 더 그롸운드 포어r 더 세럽 어브 더 텐트.

14 히즈 도-터r 이즈 커뤈리 어 싸퍼모어r 앳 칼리쥐.

15 히 프뤼페어r드 프뤤취 프롸이즈 애저 스낵.

★ 밑줄 프 = f , 르 = r , 브 = v 발음 표기

01 더 메이드 췌인쥐즈 더 벧- 쉬-츠 원쓰 어 위크.

02 쉬 쿠든(트) 어보이- 더 둠 어브 데쓰.

03 히 가러 그뤠주에이션 써r티피킷 프럼 스쿨.

04 더 핏처r 스투드 인 더 마운드 투 쓰로우 더 볼-.

05 히 뤼즈 더 에커나믹 쎅션 어브 더 뉴쓰페이퍼r.

06 데어r 워즈 더r트 언 허r 쥔즈.

07 히즈 액션즈 이그제클리 맷취 히즈 워r즈.

08 히 인썰팃 미 바이 컬-링 미 어 풀.

09 히즈 디지즈 디스추로이드 히즈 브뤠인 쎌즈.

10 아이 엠 아웃고잉 언라이크 마이 샤이 브롸더r.

11 더 파이어r 추뤜 뤄쉬- 투 더 씬 어브 더 파이어r.

12 더 너r쓰 밴디쥐- 더 워운드.

13 더 피쉬어r맨 쓰루 더 넷 투 캣취 더 슈륌-쓰.

14 매믈즈 기브 버r쓰 투 베이비즈 앤드 피- 뎀 밀크.

15 더 히스추뤼 어브 맨카이드 이즈 어 씨어뤼즈 어브 스추뤄글즈.

데이 58-2

01 언라익 나우, 아이 워즈 큐웃 웬 아이 워즈 영.

02 더 리꾸위드 워러r 턴드 인투 썰리드 아이쓰.

03 피메일 앤- 메일 스튜든츠 아r 투게더r.

04 더 웨더r 이즈 게링 워r쓰 앤드 워r쓰.

05 아-니스티 이즈 더 베스트 웨이 투 게인 추뤄스트.

06 아이 윌 추롸이 투 어취브 마이 에임.

07 위 해브 투 프러텍- 더 내추뤌 인바이뤈멘트.

08 유 니 더 패-쓰포어r- 투 크롸쓰 더 보어r더r.

09 더 캣 배들리 스크뤳취트 마이 암.

10 더 맥씸 레프트 바이 더 앤쎄스터r즈 이즈 어 그뤠잇 레쓴.

11 더 댄써r 쇼우드 엔 엘러건트 무브멘트.

12 웨일즈 아r 인클루딧 인 더 쏘어r텁 매믈즈.

13 마이 마-로우 이즈 "얼웨이즈 두 유어r 베스트".

14 히 이즈 어 그뤠잇 쎄이버r 애즈 웰 애저 컨수머r.

15 더 테뤄뤼스트 크루얼리 머r더r드 피쁠.

★ 밑줄 프 = f , 르 = r , 브 = v 발음 표기

01 내-싸 센터 스페이-쉽 투 마r쓰.

02 히 워즈 디 온리 써r바이버r 어버 피어r쓰 배를.

03 데어r 이즈 얼라럽 뤼스크 인 클라이밍 어 클리프.

04 쉬 씨-릿 허r 좌일드 언 허r 랩.

05 아이 합트 라이꺼 뤠빗 텐 타임즈 애저 퍼니쉬멘트.

06 더 카r펜터r 클리브- 더 록- 위 떤 액-쓰.

07 더 추뤅 페이쓰풀리 팔로우- 더 추뤠픽 라이트.

08 히 캔낫 스추뤳취 히즐 렉-즈 언 더 추뤠인.

09 더 거번멘트 워r쓰 포r 더 피쁠.

10 아이 카인덥 뤼그뤠릿 마이 디씨전 앳 댓 타임.

11 더 거번멘트 밴- 디 엑쓰포어r트 어브 럼버r.

12 히 프루브드 히즈 이노쎈쓰 윗 쌀-리드 에비든쓰.

13 아이 리브 인 더 써버r브 앤드 아이 커뮤- 투 더 씨리.

14 디쓰 메디쓴 헬프쓰 투 다이줴스트 푸드.

15 허r 스케줄 췌인쥐즈 디펜딩 언 더 시추에이션.

01 더 스튜든츠 서브미릿 더 프롸줵트 언 타임.

02 마이 베스트 프렌즈 아r 마이 칼-리그즈.

03 쉬 로우 떠 호-뤄r 나-블 위쓰 허r 이매쥐네이션.

04 아이 콜- 더 호우텔 투 메이꺼 뤠저r베이션.

05 더 커-즈 어브 비즈니쓰 페일리어r 이즈 래-껍 캐피를.

06 위 컨티뉴- 더 히-릿 디쓰커션.

07 헝거r 앤- 디지즈 브륑 써퍼륑.

08 허r 루드네쓰 메잇 미 루즈 마이 페이션쓰.

09 히 팝- 더 벌-룬 윗 떠 니들.

10 쉬 패-릿 어 큐웃 좌일즈 헤드.

11 더 베이쓰볼 게임 이즈 언 잇츠 써r드 이닝.

12 아이 와입- 더 스웨런 마이 페이쓰 위쓰 어 행커r취프.

13 잇 이즈 임파써블 포어r 힘 투 썰-브 더 프롸블럼.

14 쉬 워즈 워뤼더바웃 히즈 앱-썬쓰.

15 히 뤤 어헤드 앤- 그랍- 더 호어r쓰 바이 더 뤠인즈.

★ 밑줄 프 = f , 르 = r , 브 = v 발음 표기

01 더 히든 라이언 어택- 더 디어r.

02 쉬 프뤼지즈 더 피쉬 포어r 스토어뤼쥐.

03 더 뤄너r 워즈 투 에그저-스팃 투 뤈 에니 퍼r더r.

04 더 포어륀 스튜든츠 런더바웃 코뤼언 컬처r.

05 위 메트 앳 안양 퍼r스트 애버뉴.

06 디쓰 해트 이즈 투 타이트 언 마이 헤드.

07 와인 이즈 어 주륑(크) 댓 고우즈 위쓰 스테이크.

08 더 뤼더r즈 어브 디쓰 에쎄이 로우트 브뤼프 뤼뷰즈.

09 어 로우즈 페스티벌 이즈 헬드 에브뤼 이어r 어롸운- 디쓰 타임.

10 아이 뤄쉬- 투 포-어r 더 비어r 앤드 잇 프러듀스트 포움.

11 아이 파운드 어스추뤨리아 언 더 글로웁.

12 아워r 퓨처r 디펜즈 언 유어r 초이쓰.

13 히 로우트 어 레러r 어브 어팔러쥐 아우러브 뤼그뤳.

14 웬 더 크로우 플루, 더 페어r 펠 어프 더 추뤼.

15 웬 아이 그로우 업, 아이 원- 투 뤼워r드 마이 페어뤈츠.

01 더 쉐퍼r드 파운드 어 로-스트 램.

02 웨어r 뤠드 뤄버r 글러브즈 웬 두잉 더 디쉬즈.

03 히 가러 플루 샷 애러 퍼블릭 헬쓰 쎈터r.

04 쉬 씰렉팃 어 무비 쉬 워닛 투 씨.

05 히 오우버r케임 더 위크네쓰 어브 비잉 어 포-뤼너r.

06 위취 추뤡 이즈 더 추뤠인 바운드 포어r 써울?

07 왓 이즈 더 라r쥐스트 플래닛 인 더 쏘울러r 씨스틈?

08 아이 컨페쓰트 마이 필링 투 허r.

09 인디언즈 블리브 카우즈 아r 호울리 애니멀즈.

10 어 빅- 타이푼 윌 순 힛 디쓰 아일랜드.

11 렛츠 컴페어r 더 싸이즈 어브 더 문 앤- 더 썬.

12 어 카r펜터r 주로우브 어 네일 인투 어 추뤼 위쓰 어 해머r.

13 쉬 레이드 어 블랭킷 언 더 코울드 플로어r.

14 컴뻐니즈 해브 투 노우 더 컨수머r즈 테이스츠.

15 더 캠프싸잇 온리 프러바이즈 베이씩 퍼씰리티즈.

★ 밑줄 프 = f , 르 = r , 브 = v 발음 표기

MP3 파일은
큐알코드 또는http://reurl.kr/2C85369ZP 에서
다운로드 가능합니다.

파트 07

와리즈 더 뤼즌
유 스떠디 잉글리쉬?

아이 원투 추래블 어롸운- 더
워r을드 바이 마이쎌프.

싸운즈 그레잇!

01 더 컨덕터r 어브 더 컨써r트 그랍드 히즈 스틱.

02 쉬 해즈 스추뤠잇 블란-드 헤어r.

03 아이 도운(트) 해브 어 썰루션 포어r 더 디크뤼쓰 인 파퓰레이션.

04 스테잉 인 더 워즈 앳 나잇 이즈 투 뤼스키.

05 데어r 이즈 어 뉴 무비 띠에러r 다운타운.

06 이더r 민수 오어r 줴니 컴 오우버r 히어r.

07 더 써r퍼쓰 어브 더 스토운 이즈 애즈 스무쓰 애즈 레더r.

08 더 라잇 어브 더 라잇하우스 블링트 인 더 다r크.

09 데어r 이즈 어 카r프 앤드 어 고울드피쉬 인 디쓰 판-드.

10 아이 인스톨-더 스추롱 락 언 더 프런- 도어r.

11 잇 이즈 루머r- 댓 고우스츠 혼- 디쓰 하우쓰.

12 히 로움- 더 타운 인 쿠위어r 클로우즈.

13 쉬 해즈 보우쓰 어드밴티쥐즈 앤드 디쓰어드밴티쥐즈.

14 더 닥터r 어드바이즈드 미 투 엑써r싸이즈.

15 더 밤- 익쓰플로우딧 앳 더 팩토뤼.

01 더 커뤈트 워r을드 파퓨레이션 이즈 씩스 빌리언.

02 히 쎌즈 미트 애러 미니멈 프롸이쓰.

03 어코어r딩 투 더 뉴스, 잇 윌 뤠인 투머로우.

04 애프터r 인텐쓰 엑써r싸이즈, 마이 포어r헤드 비케임 스웨리.

05 포어r 뤠인펄- 메이- 더 그롸운드 주롸이 라이꺼 데저r트.

06 더 캔디데이츠 캠페인 스삐취 워즈 임프뤠씨브.

07 쉬즈 더 워r을드 뤼코어r드 호울더r 포어r 원 헌주뤳 미러r즈.

08 아이 니더 쉬-덥 페이퍼r 투 주롸- 어 포어r추뤳.

09 피쁠 캔낫 브뤼드 언더r워러r.

10 쉬 이즈 어 줴너뤄쓰 레이리 투 허r 네이버r즈.

11 어 추뤠블 에이줜트 메이러 호우텔 뤠저r베이션.

12 디쓰 이즈 더 아이디얼 플레이쓰 포어r 어 썸머r 베이케이션.

13 이치고우 옝-트 앳 루키아즈 슬리브 스추롱리.

14 더 호우뻐브 써r바이블 이즈 그뤠주을리 디미니쉥.

15 쉬 해즈 어 슬라잇 피버r 비커우즈 어브 허r 코울드.

★ 밑줄 프 = f , 르 = r , 브 = v 발음 표기

01 아이 디바이딧 더 워러r멜런 인투 에잇 피씨즈.

02 히 바더r- 더 웍- 키즈 앳 스쿨.

03 더 메일맨 이즈 들리버륑 레러r즈.

04 쉬 슬립쓰 레쓰 댄 에잇 아우어r즈 어 데이.

05 한글 데이 이즈 어 할러데이 언 악토우버r 나인쓰.

06 와이 두 유 룩 쏘우 타이어r- 투데이?

07 더 컴뻐니 임플로이드 허r 애즈 어 쎄그러테뤼.

08 히 무브- 투 더 씨리 프럼 더 컨추뤼싸이드.

09 코난 이즈 어 페이머쓰 카r툰 캐뤽터r.

10 아이 쥠프 로웁 포r 웨윗- 로-쓰.

11 아이 브롸-러 맷취 투 킨들 파이어r워드.

12 히 쏘우럽 파저티브 뤼스판쓰 투 더 프러포우즐.

13 아이 디태취- 더 크뤼피 인쎅트 프럼 마이 암.

14 더 뮤지엄 뤼씨브즈 머니 포r 디 엔추뤼 피-.

15 더 커스텀즈 아-피써r 췍- 더 러기쥐.

데이 62-2

01 히 이즈 어 스패니쉬 맨 프럼 스페인.

02 쉬 메저r- 디 어마운텁 플라워r 언 어 스케일.

03 아이 앰 쏘우 슬리삐 댓 마이 아일릿즈 아r 뤼을리 헤비.

04 히 오우버r케임 더 터프 타임 어브 언임프로이멘트.

05 쉬 커버r 더 테이블 윗 떠 와잇 크로-쓰.

06 썸 밷- 가씹 어바웃 허r 이즈 고잉 어롸운드.

07 썸 스쿨즈 유즈 더 쎄임 텍스-북.

08 허r 뤼퀙션 허r트 히즈 하r트.

09 지호 이즈 어 클로우스 프뤤드 앤너 롸이벌 어브 민수.

10 데이 해더 히-릿 디스커션 언틸 던-.

11 히즈 빅토뤼 워즈 더 써r프롸이징 뉴스.

12 더 티처r 엑스플레인- 더 가이들라인즈 포r 캠핑.

13 히 바-러 쿠커r 투 킵 롸이쓰 웜.

14 쉬 워r 한복, 어 추뤠디셔늘 카-스툼.

15 더 프롸이쓰 어브 더 프롸덕트 인클루즈 택-쓰.

★ 밑줄 프 = f , 르 = r , 브 = v 발음 표기

01 뤄피 스타r팃 쎄일링 투 추뤠저r 아일랜드.

02 킴 이즈 어 커먼 써r네임 인 코뤼아.

03 도운(트) 스택 띵즈 어롸운- 더 도어r웨이.

04 수퍼r맨 캔 비 어 히로우즈 오뤼쥔.

05 히 쎄이브드 히즈 쌜러뤼 비포어r 히 스펜팃.

06 아이 캔-(트) 팬씨 힘 애즈 어 프뤠지든트.

07 쉬 이미테이릿 어 픽처r 어버 페이머쓰 페인터r.

08 디쓰 추뤠인 고우즈 디뤡틀리 투 부산 스테이션.

09 히 원츠 투 미러 썰레브뤼디 배들리.

10 더 캔디뎃 퍼r수웨이딧 허r 투 보우트.

11 디쓰 타운 니즈 더 컨스추뤅션 어버 하이웨이.

12 디쓰 마이크러스코웁 매그니파이즈 디 아브쥌- 텐 타임즈.

13 디쓰 주뤅- 해즈 리를 에펙트 언 캔써r.

14 더 베이씩 버쓰 페어r 포어r 어덜츠 이즈 원 따우전 파이브 헌주뤠드 원.

15 더 퍼r빠즈 어브 러닝 잉글리쉬 이즈 포r 컨-버r쎄인션.

01 웬에버r 유 해버 쿠에스천, 콜- 미.

02 히 카운쓸드 더 프러페써r 어바웃 더 커뤼어r.

03 디쓰 모어r닝 더 프뤼즈너r즈 이스케입트 프럼 더 줴일.

04 쉬 턴 더프 더 티븨 투 포우커스 언 스터딩.

05 어 스추롱 맨 벤터 바r 어브 아이언.

06 디 엑쓰플로우전 레프- 더 하우쓰 인 컴플릿 뤄블.

07 피카추 유지즈 일렉추뤼씨디 애저 웨뻔.

08 워러r 케임 아우러버 크뤡 어브 더 댐.

09 히 스텝트 언 더 카r즈 브뤠이크 써든리.

10 유일 겟 베러r 순 이퓨 테익 디쓰 주뤅.

11 더 패씬줘r즈 웨이릿 포r 디 어롸이블 어브 더 플레인.

12 더 줘쥐 쎈텐스- 더 크뤼미늘 투 데쓰.

13 더 추뤅 스타r릿 스키딩 다운힐.

14 아이 허r- 디 어나운쓰멘트 쓰루 어 라우드스피커r.

15 더 퍼타-그라퍼r 툭 픽처r즈 포r 더 매거진.

★ 밑줄 프 = f , 르 = r , 브 = v 발음 표기

01 히 워즈 익싸이릿 어바웃 더 엔추뤤쓰 테스트 뤼절츠.

02 쉬 펠트 써비어r 페인 주륑 촤일드버r쓰.

03 아이 해러 나잇메어r 인 위취 어 고우스트 어피어r드.

04 히 엔비- 디 유쓰- 스추뤵쓰.

05 웬 더 개-스 미츠 더 플레임, 잇 엑스플로이즈.

06 더 데스터네이션 어브 디쓰 보-이쥐 이즈 제주 아일랜드.

07 쉬 가런 더 뤙 버쓰 바이 미스테이크.

08 아이 어러r 땡플 프뤠이어r즈 비포어r 밀즈.

09 더 인포어r먼트 뤼퓨즈- 투 뤼빌 더 네임.

10 더 워러r 프럼 더 파운튼 쏘어r 하이 인 더 스카이.

11 아이 띵크 뮤직 이즈 어 유니버r슬 랭그위쥐.

12 히 캔-(트) 피- 비커우즈 어버 킨-니 프롸블럼.

13 쉬 쏘- 어 쿠위어r 애니멀 주륑 더 줘r니.

14 히 켑트 쵀링 위쓰 히즈 네이버r 주륑 클래쓰.

15 더 췰주뤈 아r 플레잉 어롸운드 업스테어r즈.

01 위 메이러 인스턴트 어택 언 더 테러뤼스츠.

02 소울저r즈 워r 이쿠윕트 위쓰 암즈 라익 롸이플즈.

03 쉬 원츠 투 고우 투 유럽 썸타임.

04 히 브뤡- 더바웃 히즈 이노어r머쓰 웰쓰.

05 쉬 이즈 어 커뤼어r 워먼 위쓰 어 그뤠잇 딜 어브 참.

06 쉬 이즈 투 이어r즈 영거r 댄 허r 브롸더r.

07 아이 범트 인투 어 스추뤠인줘r 언 더 스추뤗.

08 더 배-트 워즈 행잉 업싸이- 다운 프럼 더 씨일링.

09 쉬 히드 추뤠저r즈 썸웨어r.

10 히 이즈 어 비즈니스맨 위쓰 플렌티 어브 위트 앤드 휴머r.

11 아이 메이드 얼라럽 머니 쓰루 페인즈테이킹 에포어r트.

12 뱀부 이즈 할로우 벗 스추롱.

13 더 스노우맨 레프트 풋스텝쓰 언 더 스노우.

14 프뤵클리 스피킹, 아이 해이 츄.

15 버r쓰 앤드 데쓰 아r 더 로-즈 어브 네이처r.

★ 밑줄 프 = f , 르 = r , 브 = v 발음 표기

01 애프터r 어 웨딩, 어 허니문 이즈 어 커먼 커스텀.

02 민수 이즈 플루언트 인 잉글리쉬 그뤠머r.

03 히 비케임 어 프뤠쉬맨 인 유니버r써리 디쓰 이어r.

04 더 스추뤅처r 어브 더 빌딩 이즈 어 추롸이앵글.

05 히 슈뤅-드 히즈 쇼울더r즈 앳 엠배뤄씽 쿠에스천즈.

06 이즈 더 써스펙트 이노쎈트 오어r 길티?

07 아이 워즈 인게이쥐드 인 메디클 뤼써r취.

08 쉽 앤드 램즈 아r 그뤠이징 언 더 필-즈.

09 어 독- 이즈 어 테임 애니멀.

10 쉬 킵쓰 더 북쓰 쉬 뤠드 언 더 쉘프.

11 더 크뤼미늘 워즈 포어r스- 투 컨페스 더 추루쓰.

12 히 밧- 뉴 퍼r니처r 와일 무빙.

13 더 펄-리쓰 아-피써r 포인팃 더 건 앳 더 크뤼미늘.

14 더 싸이언티스트 썹스크롸이브즈 투 더 인터r내셔늘 줘r늘.

15 더 패써r바이 윗네쓰트 어 추뤠픽 액씨든트 예스터r데이.

01 아이 스크륌드 인 테뤄r 웬 더 파워r 써든리 웬트 어프.

02 더 허즈밴드 뤼페이드 히즈 와이프쓰 쌔크뤄파이쓰.

03 데어r 아r 메니 뉴스캐스츠 언 더 뤠이디오.

04 히 스프뤠이드 워러r 언 더 론- 인 더 백야r드.

05 마이 엉클 이즈 마이 온리 뤨러티브.

06 더 커플 해즈 인베스팃 머니 인 스탁쓰.

07 더 무비 이즈 팬태스틱 프럼 비기닝 투 엔드.

08 더 도r미터뤼 어브 더 스쿨 이즈 췹 앤- 쎄이프.

09 아이 워r트 파r- 타임 애러 컨비니언- 스토어r.

10 허r 룸 이즈 얼웨이즈 니-트 앤- 클린.

11 아이 스펜트 어 원더r플 타임 위쓰 허r 투나잇.

12 히즈 퍼r써낼러리 뤼젬블즈 히즈 페어뤈츠.

13 씨거뤳 스모우크 이즈 함플 투 페이션츠.

14 위 워r- 투 밋 더 데일리 아웃풋.

15 더 로열 페믈리 해즈 줘스트 게더r드 앳 더 팰러쓰.

★ 밑줄 프 = f , 르 = r , 브 = v 발음 표기

01 앳 리스트 파이브 피쁠 다이드 인 디쓰 어r쓰크웨이크.

02 인 윈터r, 마이 립쓰 앤드 텅 아r 주롸이.

03 인스테럽 미, 민수 앤써r- 더 포운.

04 히 해즈 낫 허r- 더 웨더r 포어r캐스트 포어r 투데이.

05 더 윗네쓰 바우- 투 텔 더 추루쓰.

06 더 머r췬트 쏘울- 더 매쥌 램프 투 더 매쥐션.

07 더 독- 이즈 리킹 더 보운 위쓰 히즈 텅.

08 더 아r처r 에임- 더 애로우 앳 더 타r겟.

09 투 카r즈 클래쉬트 앳 더 인터r쎅션.

10 쉬 스왈로우- 더 메디쓴 위다웃 헤즈테이션.

11 히 액쎕팃 마이 썩줴스천.

12 히 다이브(드) 빌로우 더 써r퍼스 어브 더 워러r.

13 더 컴뻐니즈 고울 이즈 투 엑쓰포어r트 프롸덕츠 어브롸드.

14 아이 슬렙트 언 더 카우취 애프터r 아r규잉 위쓰 마이 와이프.

15 쉬 윌 뤼타이어r 프럼 더 컴뻐니 넥스트 이어r.

01 더 롸이즈 인 더 어뮤즈멘- 파r크 어스타니쉬트 미.

02 히 이즈 언 어메뤼컨 맨 프럼 디 유나이릿 스테이츠.

03 더 버r쓰 뤠잇 어브 뉴본 베이비즈 디크뤼스트 그뤠잇리.

04 어 빅- 부쓰 워즈 쎄럽 포어r 더 엑지비션.

05 디쓰 쎈텐쓰 컨테인즈 로우워r 케이쓰 앤드 어퍼r 케이쓰.

06 푸러 다임 인 더 벤딩 머쉰 앤드 프뤠쓰 더 벗은.

07 히즈 어피니언 이즈 썸왓 디퍼뤈트 프럼 마인.

08 더 주 셧 다운 어r리 투 프러텍- 더 애니멀.

09 쉬 앤썰(드) 더 쿠에스천 위다웃 그뤠잇 디피컬티.

10 아이 도운(트) 다웃 댓 히 윌 썩씨-드.

11 마이 보-쓰 프롸미스트 미 어 뤠이즈 인 쌜러뤼.

12 더 췰주뤈 쓰루 스노우볼즈 언 더 플레이그롸운드.

13 아이 워즈 쏘우 취어r플 투데이 댓 아이 험드 어 쏭-.

14 쉬 뤱- 더 프뤠즌트 인 프뤼티 페이퍼r.

15 위 이취 쎌러브뤠잇 언 노벰버r 일레븐쓰.

★ 밑줄 프 = f , 르 = r , 브 = v 발음 표기

01 아이 뤠귤러r리 발룬티어r드 애러 너r씽 호움.

02 언 어글리 케러r필러r 그로우즈 인투 어 버러r플라이.

03 쉬 슬립트 언 디 아이쓰 앤드 허r트 허r 암.

04 히 아퍼r드 투 해브 언 인포어r믈 미링.

05 더 쳄피언 윌 해브 어 두얼 위쓰 더 췔린줘r.

06 쉬 워r 어 후드 인 허r 클로욱 언 허r 헤드.

07 디쓰 케미클 이즈 유즈드 포어r 스테인 뤼무블.

08 아이 밧- 메디쓴 포어r 마이 헤데익 앳 더 퍼r머씨.

09 왓 이즈 어 파퓰러r 쏭- 나우어데이즈?

10 히 타이덥 더 박쓰 위쓰 어 띡 스추륑.

11 아이 썸타임즈 컨퓨즈드 준 위쓰 줄라이.

12 애니멀즈, 인클루딩 휴먼즈, 이발-브.

13 히 씸플리 디든(드) 노우 디 앤써r 투 더 쿠에스천.

14 네버r 웨이크넙 어 슬리핑 라이언.

15 아이 윌 그뤠주에잇 프럼 미들 스쿨 넥스트 이어r.

01 히 스토울 더 푸드 비커우즈 어브 히즈 헝거r.

02 쉬 엑쎌즈 머취 모어r 댄 아더r 스튜든츠.

03 더 페이추뤼엇 뤼씨-브드 어 메들 프럼 더 컨추뤼.

04 더 거번멘트 컨추롤즈 더 프롸이쓰 어브 프롸덕츠.

05 더 쿠윈 그뤼팃 게스츠 위쓰 언 엘러건트 애티튜드.

06 히 더즌(트) 블리브 인 디스어니스트 멘.

07 더 커플 멧 앤드 갓 메뤼드 주륑 더 투어r.

08 인더스추뤼 디벨로웁트 애프터r 더 디스커버뤼 어브 일렉추뤼씨리.

09 쉬 보우스팃 어바웃 헐 샤이니 뉴 페어r 어브 슈즈.

10 어 써r번트 머스트 어베이 히즈 매스터r즈 오어r더r즈.

11 아이 캔-(트) 프뤼딕- 디 엔딩 어브 더 어페어r.

12 히 프롸버블리 노우즈 더 커-즈 어브 더 액씨든트.

13 액추을리, 히 더즌(트) 디슬라이큐.

14 디 애드머뤌 뤼타이어r드 프럼 더 네이비.

15 쉬 워즈 베뤼 스케어r드 어브 크롸커다일즈.

★ 밑줄 프 = f , 르 = r , 브 = v 발음 표기

01 더 마-런 뮤지엄 엑지비릿 에인션트 렐릭쓰.

02 왓 이즈 더 펑션 오r 로울 어브 더 아이브로우?

03 데어r 이즈 어 록- 캐빈 인 더 클러어륑 어버 포뤠스트.

04 쉬 푸러 헤비 냅쌕 언 허r 쇼울더r.

05 민수 비해이브드 애즈 이프 히 워즈 어 티처r.

06 히 주로우브 패스트 언 더 엑쓰프뤠쓰웨이.

07 월 앤- 카-튼 아r 유즈- 투 메이크 텍스타일즈.

08 더 모울 더겁 더 그롸운- 투 빌더 하우쓰.

09 더 써r쥔 큐어r- 더 페이션츠 워운즈.

10 히 해즈 더 커-뤼쥐 투 췔린쥐 어드벤처r즈.

11 디쓰 프롸덕트 이즈 어베일러블 포r 인터r내셔늘 추뤠이드.

12 쉬 스크뤠취- 더 크뤼미늘즈 페이쓰 위쓰 허r 네일즈.

13 위 헤이스틀리 메이드 컨클루전즈 투 더 디스커션.

14 이 퓨 씨 어 고우스트, 유 캔 폴- 인투 패닉.

15 스패로우즈 앤- 더브즈 아r 어롸운- 더 파운튼.

01 더 윗네쓰 디스크롸이브- 더 크뤼미늘즈 페이쓰.

02 히 허r- 더 프러페써r즈 렉처r 인 더 어-디토뤼엄.

03 쉬 플랜팃 아이비 언 더 펜쓰.

04 인 아더r 워r즈, 더 썸 어브 포어r 앤- 쎄븐 이즈 일레븐.

05 아이 파운- 썸원 디쓴트 포r 더 좝.

06 더 췰주뤈 메이러 컴플릿 메쓰 어브 더 룸.

07 디 에어r 포어r쓰 해즈 어뤠인쥐드 베뤼어쓰 에어r크뤠프츠.

08 더 쏭- 이즈 어바웃 러빙 원쎌프.

09 마이 마더r 레이드 어 타이니 베이비 인 허r 크뤠이들.

10 히 프러듀씨즈 일렉추뤼씨리 위쓰 뉴클리어r 에너r쥐.

11 잇 이즈 롸더r 췰리 인 더 모어r닝 디즈 데이즈.

12 더 나블리스트 해즈 뤼쓴리 퍼블리쉬트 어 나-블.

13 더 클러r크 게이브 미 어 빌 포r 런취.

14 더 닥터r 푸러 스테떠스코웁 언 히즈 췌스트.

15 히즈 어피셜 타이를 이즈 "데퓨리 스피커r."

★ 밑줄 프 = f , 르 = r , 브 = v 발음 표기

01 쉬 주로우브 앳 맥시멈 스피드.

02 히 해저 고울드 왓취 위쓰 췌인즈.

03 애즈 마이 싸이트 갓 워r쓰, 아이 엠 웨어륑 글래씨즈.

04 더 하이 펜쓰 컴플리틀리 써롸운즈 더 하우쓰.

05 카운틀레쓰 스타r즈 트윙클 인 더 스카이.

06 아이 호웁 아워r 프뤤드쉽 윌 라스트 퍼뤠버r.

07 쉬 센즈 어 메세쥐 투 허r 페어뤈츠 에브뤼 먼쓰.

08 더 스파이더r 이츠 더 벅-즈 언 더 웹.

09 히즈 메뤼트 이즈 히즈 파저티브 앤드 브롸잇 퍼r써낼러리.

10 어 파이어r 어커r드 인 더 씨티 비커우즈 어번 어r쓰크웨크.

11 히즈 페어뤈츠 어프루브드 히즈 매뤼쥐.

12 마이 그뤠이즈 쏘우 어 그뤠주얼 인크뤼쓰.

13 쉬 주륌즈 어버 피쓰플 워r을드.

14 아이 허r드 어 캐넌 샷 프럼 더 디스떤쓰.

15 쉬 추롸이- 투 캄- 다운 허r 앵거r.

01 웬 크롸씽 더 크롸쓰웍-, 케어r플리 룩 언 보우쓰 싸이즈.

02 쉬 해즈 빈 앰비셔쓰 씬스 쉬 워저 좌일드.

03 아이 해버 쏘어r 쓰로웃 앤드 노우즈 비커우즈 어버 코울드.

04 쉬 디스가이즈드 허r쎌프 투 컨씰 허r 아이덴티티.

05 아이 해브 더 리버r티 낫 투 어텐- 더 미링.

06 위 웬- 투 부산 인 베뤼어스 웨이즈.

07 더 프뤠쉬맨 오뤼엔테이션 워즈 헬드 인 더 어-디토뤼엄.

08 쉬즈 더 스마r티스트 퓨플 인 더 클래쓰.

09 더 스튜든트 후 옐드 인 더 홀웨이 워즈 퍼니쉬트.

10 히 투 꺼 배쓰 앳 호움 애프터r 워r크.

11 쉬 워즈 쏘우 좌r밍 댓 쉬 어추뤡팃 어텐션.

12 허r 허즈밴즈 일네쓰 이즈 어 빅- 써-로우 투 허r.

13 투어뤼스츠 아r 완더륑 어롸운- 더 호우텔 홀-웨이.

14 더 패-륏 쿠와이엇리 이스케입트 프럼 이츠 케이쥐.

15 유 니드 테크날러쥐 투 디코우- 더 코우드.

★ 밑줄 프 = f , 르 = r , 브 = v 발음 표기

01 더 배뤼어r 워즈 인스톨- 투 프뤼벤트 액씨던츠.

02 히 써r프롸이징리 캇- 더 블레이드 어브 더 쏘어r드.

03 에브뤼원 이즈 이쿠얼 비포어r 더 로-.

04 더 패스터r 뤠- 더 바이블 앳 춰r취.

05 브륑 더 빌 오우버r 투 더 카운터r.

06 잇 이즈 뤠어r 포어r 힘 투 고우 투 워r크 어r리.

07 쉬 캔-(트) 디스팅구이쉬 팬터씨 프럼 뤼알러리.

08 스피니취 이즈 어 베쥐터블 위쓰 메니 에쎈셜 누추뤼언츠.

09 밀리테뤼 써r비스 인 코뤼아 이즈 컴펄써뤼.

10 아이 토울드 마이 그뤤드썬 언 어뮤징 스토뤼.

11 언 엑스추롸 멤버r 조인드 아워r 미링.

12 히 페이- 디쓰 먼쓰 뤤- 투 히즈 랜드로어r드.

13 아이 줘스트 도운(트) 노우 더 앤써r 투 디쓰 퍼즐.

14 쉬 디바이릿 더 스튜든츠 바이 줸더r.

15 히 포어r갓 더 어포인-멘트 히 햇 메이드 위쓰 허r.

데이 70-2

01 아이 엔비 데어r 클로우즈 륄레이션쉽.

02 더 독- 뤼멤버r즈 디 오우너r즈 유니크 쎈트.

03 위 엑스텐딧 아워r 디스커션 언틸 미드나잇.

04 쉬즈 언 아r든트 서포어r터r 어브 더 캔디데잇.

05 더 컨-버r쎄이션 위쓰 허r 비케임 어 그뤠잇 컴포어r트.

06 히 웬- 투 어 니어r바이 클리닉 비커우즈 어브 히즈 스터머케익.

07 뤠귤러r 액티비티 이즈 임포어r튼- 투 스테이 헬띠.

08 아이 마r블드 앳 히즈 쿠윅 프롸블럼 썰-빙.

09 히- 쑤트 벗은호울 이즈 톤-.

10 아이 엠 그뤠잇플 포r 허r 카인-네쓰.

11 히즈 스펜딩 해즈 엑씨딧 히즈 그로우쓰 어r닝즈.

12 토우푸 앤드 쏘이 쏘-쓰 아r 보우쓰 메이드 프럼 쏘이빈즈.

13 아이 쓰루 더 가r비쥐 인투 더 추뤠쉬.

14 히 인썰팃 미 바이 스웨어륑 비러r리.

15 더 스추롱 어로우마 어브 커-피 필즈 더 룸.

★ 밑줄 프 = f , 르 = r , 브 = v 발음 표기

MP3 파일은
큐알코드 또는http://reurl.kr/2C85369ZP 에서
다운로드 가능합니다.

파트 

와리즈 더 뤼즌
유 스떠디 잉글리쉬?

아이 원투 추래블 어롸운- 더
워ㅏ을드 바이 마이셀프.

싸운즈 그레잇!

01 스파r-스 로우즈 프럼 더 팁 어브 히즈 핑거r.

02 쉬 데코뤠이릿 더 리빙 룸 위쓰 플라워r즈.

03 마이 주림 이즈 투 유나잇 더 투 디바이릿 컨추뤼즈.

04 히 워r 어 블랙 수트 투 더 퓨너뤌.

05 어 불렛 페너추뤠이릿 더 쏘울저r즈 췌스트.

06 마이 엉클 레프트 마이 큐웃 네퓨 위쓰 미.

07 아이 게쓰 더 커뤡트 앤써r 이즈 넘버r 투.

08 어 노어r믈 틴에이줘r 고우즈 투 스쿨 인 더 모어r닝.

09 더 네이비 샷 캐넌즈 앳 더 써브머륀.

10 월 이즈 메이드 바이 커링 어프 더 쉽쓰 헤어r.

11 더 롸이나써러쓰 해즈 어 혼 언 잇츠 헤드.

12 쉬 웬- 다운스테어r즈 프럼 업스테얼즈.

13 데어r 워즈 어 륄리줘스 이벤트 앳 춰r취.

14 더 피쉬어r맨 캐스트 어 넷 인투 더 워러r.

15 위 니더 팔러씨 포어r 내셔늘 디벨럽멘트.

01 아이 멘션드 어 메이줘r 씨리 인 유럽 애즈 언 이그잼플.

02 쏘우 아이 써포어r- 더 거번멘트 팔러씨.

03 히 쎈트 어 파r쓸 바이 엑쓰프뤠쓰 메일 앳 더 포우스트 아피쓰.

04 아이 원- 투 캔쓸 마이 펜션 뤠저r베이션.

05 히 커넥팃 더 와이어r 투 더 줴너뤠이터r.

06 쉬 칼큘레이릿 더 웨이트 앤드 스피드 어브 더 스토운.

07 유 캔 페인트 픽처r즈 언 더 월페이퍼r 애 쥬 라이크.

08 디 인티뤼어r 어브 더 카r 워즈 와이더r 댄 아이 떳-.

09 위 엑스췌인쥐드 기프츠 앳 더 파r티.

10 버즈 그루 업 히어r 앤드 데어r 인 스프륑.

11 히 케임 다운 더 힐탑 어너 슬레드.

12 쉬 스매쉬- 더 롹 하r드 위쓰 어 해머r.

13 더 애드머뤌 오어r더r- 더 네이비 투 허쉬.

14 하우 머취 이즈 더 발-륨 어브 유어r 뤼프뤼쥐뤠이터r?

15 더 페이퍼r즈 헤들라인 프뤠이즈 이즈 쇼어r트 벗 파워r플.

★ 밑줄 프 = f , 르 = r , 브 = v 발음 표기

01 아이 슉 히즈 쇼울더r 투 롸우즈 힘.

02 더 췰주뤈 줴너뤌리 주뤠- 더 덴티스트.

03 아워r 스테디 어택쓰 보롯 더 빅토뤼.

04 쓰뤼 피쁠 웨이릿 포어r 더 버쓰 인 원 로우.

05 히 로-스트 히즈 배기쥐 앳 더 에어r포어r트.

06 쉬 원 고울드, 실버r 앤- 브롼즈 메들즈.

07 어 티어r 어브 조이 케임 다운 언 히즈 췍.

08 카-크로우취즈 해브 어메이징 바이탤러리.

09 더 펄-리쓰 어뤠스팃 어 픽파-킷 앳 더 씬.

10 아워r 프롸덕트 해즈 해드 굿 컨수머r 뤼스판-쓰.

11 더 독- 샛- 줸틀리 비니쓰 더 테이블.

12 베이드 인 웜 워러r 비포어r 슬리핑.

13 쉬 펠트 라잇-헤릿 애프터r 주륑킹 비어r.

14 어 딕셔네뤼 이즈 유즈플 포어r 러닝 랭그위쥐즈.

15 아이 석줴스팃 어 뉴 뤠이디오 커머r셜.

01 히 파이늘리 로우케이릿 더 미씽 촤일드.

02 쉬 뤼씨-브드 어 레러r 어브 컨페션 프럼 힘.

03 더 베이쓰볼 코우취 인커-뤼쥐드 더 플레이어r즈.

04 더 매쥐션 샤우팃 어 스펠 앳 더 햇.

05 더 플라워r 어브 디마-크뤄씨 이즈 콜-드 일렉션.

06 허r 아이디어 이즈 뤼을리 크뤼에이티브.

07 더 씨크륏 투 허r 슬림 바디 이즈 언 인텐스 워r까웃.

08 더 클라운즈 페이셜 엑스프뤠션 이즈 퍼니.

09 북쓰 아r 언 엔들레쓰 파운튼 어브 위즈듬.

10 더 브뤼쥐 이즈 쏘우 내로우 댓 위 크롸쓰 잇 원 바이 원.

11 잇 이즈 썸왓 췰리 인 더 모어r닝 나우어데이즈.

12 더 쌔-먼 케임 백 투 더 뤼버r 투 레이 엑-즈.

13 잇 이즈 어 그뤠잇 아너r 투 뤼씨브 어 노우벨 프롸이즈.

14 히 갓 스코울딧 비커우즈 어브 히즈 루드 비헤이비어r.

15 데어r 이즈 얼쏘우 어 스피드 리밋 언 더 하이웨이.

★ 밑줄 프 = f , 르 = r , 브 = v 발음 표기

01 코뤼언즈 로우워r 데어r 헤즈 투 바우 이취 아더r.

02 더 로우드 이즈 벤트 위쓰 어 쥅틀 커r브.

03 언 엑쎄스 어브 스추뤠쓰 캔 허r 츄어r 헬쓰.

04 피쁠 아r 샤우팅 '허뤠이 포어r 더 쿠윈'.

05 잇츠 더 베스트 메디쓴 투 테이꺼 뤠스트.

06 어 크로우 이즈 어 버r드 후즈 바디 이즈 올- 블랙.

07 데어r 워즈 어 스페셜 쎄일 앳 더 웨어r하우쓰 라스트 위크.

08 쉬 턴드 허r 디피-트 인투 어 빅토뤼.

09 더 무비즈 프뤼뷰 워즈 헬드 앳 더 씨너마.

10 쉬 다이드 허r 헤어r 블란드.

11 더 뤄너r 주롸매티클리 원 더 매-뤄딴.

12 도운(트) 패닉 앤드 호울 쥬어r 브뤠쓰.

13 더 페이션트 크위클리 뤼커버r(드) 백 투 어 노어r믈 펄쓰.

14 더 워r커r즈 아r 디깅 어 딧취 어롸운- 더 하우쓰.

15 히 팩트 썸 언더r웨어r 포어r 도 추륍.

데이 73-2

01 아이 쉐어r드 썸 임포어r튼- 임포어r메이션 위쓰 허r.

02 쉬 쎄러 플레잇 앤드 어 보울 언 더 테이블.

03 추뤠블러r즈 스테이드 앳 더 인 주륑 더 컨추뤼 추륍.

04 히즈 패스타임 이즈 컬릭팅 오울드 스탬(프)쓰.

05 더 뤠프트 주뤼프팃 투워r- 더 씨-.

06 더 썬 이즈 롸이징 어버브 더 허롸이즌.

07 쉬 스니즈드 비커우즈 어브 더 스추롱 스멜.

08 히즈 페이쓰 턴드 뤠드 위쓰 쉐임.

09 아이 위스퍼r드 인 어 스멀- 보이쓰.

10 히 헬드 어 웨뻔 투 가r드 히즈 페믈리.

11 렛 미 노우 인 애드밴쓰 이퓨아r 언에이블 투 어텐드.

12 쉬 앤써r드 마이 쿠에스천 커뤡틀리.

13 아이 카운팃 더 이그잭(트) 넘버r 어브 어텐디-즈.

14 스추뤠취 유어 암즈 업워r드 앤드 호울드 핸즈.

15 히 해즈 어 페인트 메머뤼 어브 히즈 호움타운.

★ 밑줄 프 = f , 르 = r , 브 = v 발음 표기

01 디쓰 이즈 허r 퍼r스트 쏘울로우 플라잇.

02 데이 프렌들리 이너프 투 렌드 미 머니.

03 아이 풋 싹스 앤드 언더r웨어r 인 더 클라-젯.

04 더 애럼 이즈 더 스멀리스트 유닛 어브 매러r.

05 히 번- 더 추뤠쉬 인 더 프뤈트 야r드.

06 칼리쥐 스튜든츠 그뤼팃 더 프러페써r 펄라잇리.

07 영스터r즈 게러 버쓰 페어r 디쓰카운트.

08 더 허r드 어브 캐-를 주뤵크 워러r 인 더 뤼버r.

09 더 블레이드 이즈 쏘우 둘 댓 잇 캔-(트) 컷 더 큐컴버r.

10 싸우쓰 코뤼아 이즈 로우케이릿 언 더 에이션 칸-티넌트.

11 히 도우네이릿 투 어 펀드 투 헬프 씩 피쁠.

12 뤼뷰 더 컨추뤡트 케어r풀리 앤드 스탬 핏.

13 쉬 스택트 롸이쓰 앤드 빈즈 인 더 반.

14 아이 프뤵클리 애드미릿 댓 아이 워즈 롱.

15 아이 레이- 투 스틱쓰 싸이드 바이 싸이드.

01 더 비-를 해즈 어 하r드 쉘.

02 허r 스탬프 컬렉션 이즈 어메이징.

03 베이비즈 토우틀리 디펜드 언 데어r 페어뤈츠.

04 히 그뤼팃 히즈 씨니어r 인 어 스멀 보이쓰.

05 아이 스터딧 언틸 미드나잇 비커우즈 어브 더 이그잼.

06 도운(트) 디스터r브 더 슬리핑 베이비.

07 더 어마운트 어브 머니 아이 스펜트 언 잉글리쉬 이즈 얼랏.

08 잇츠 아-드 댓 히 뤼퓨즈- 투 잇 미트.

09 디 인추루더r 스턴- 더 가r즈 위쓰 어 스틱.

10 렛츠 디파인 더 이그젝트 미닝 어브 디쓰 쎈텐쓰.

11 쉬즈 인 어 씨뤼어쓰 시추에이션 인 위취 쉬 페이스드 어 베어r.

12 디 액씨든트 워즈 커-즈드 바이 어 루-즈 네일 언 더 추뤠인.

13 히 푸러 레러r 인 더 엔벌로웁 앤드 씰-드 잇.

14 아이 그로우 뤠디쉬즈 앤드 캐비쥐 인 더 백야r드.

15 디쓰 이즈 더 퍼r펙트 플레이쓰 투 팜.

★ 밑줄 프 = f , 르 = r , 브 = v 발음 표기

01 버r쓰 앤드 데쓰 아r 더 페잇 어브 얼 휴먼즈.

02 더 레퍼r드 앤드 롸이노우 펠 인투 더 뤠피드 워러r.

03 더 멘토어r 기브즈 애드바이쓰 언 비즈니쓰.

04 디쓰 이즈 낫 어 프러페션, 벗 어 하비 포어r 힘.

05 더 그뤠주에이링 스튜든츠 쎄드 페어r웰 투 데어r 티처r.

06 디쓰 매거진 해즈 빈 이슈드 업 투 원 헌주뤳 에디션즈.

07 더 엑스커베이러r 더겁 어 터늘 언더r 더 뤼버r.

08 더 인더스추뤼얼 뤠벌루션 해쁜드 인 잉글랜드.

09 워r 쌔크뤄파이씨즈 이너쎈- 피쁠.

10 쉬 클라임- 더 마운튼 니어r리 에브뤼 데이.

11 더 메신저r 딜리버r- 더 킹즈 커맨드.

12 아이 툭 픽처r즈 인 어 픽스트 퍼지션.

13 더 리빙 룸 이즈 풀러브 뤄비쉬 애프터r 더 파r티.

14 히 로웃- 더 포인트 앳 더 마r쥔 어브 더 텍스-북.

15 웬 워러r 보일즈, 허뤼 투 오우쁜 더 리드 어브 더 팟.

01 히 해드 아이 써r줘뤼 포r 히즈 배드 아이싸이트.

02 더 캣 이즈 추롸잉 히즈 베스- 투 췌이쓰 더 마이쓰.

03 히 유지즈 스탠다r드 랭그위쥐 인스테럽 다이얼렉트.

04 아이 오우드 마이 썩쎄쓰 투 마이 페어뤈츠 쌔그뤄파이쓰.

05 애스추뤄나츠 엑스프로어r 디 유니버r쓰.

06 더 케미스츠 해브 디벨로웁 더 뉴 머티뤼얼.

07 쉬 스프뤠드 어 매트 언 더 그뤠쓰.

08 히 뤠스큐- 더 주롸우닝 맨.

09 잇 이즈 어 그뤠잇 벤처r 투 스타r더 비즈니쓰.

10 와잇- 독-즈 아r 풀링 더 헤비 슬레드.

11 더 어닝 어브 더 컴뻐니 해즈 뤼즌 샤r플리.

12 머r피즈 로- 이즈 어 웰-노운 띠어뤼.

13 어 스멀 스추륌 이즈 플로윙 언더r 더 브뤼쥐.

14 이링 롸이쓰 케익 쑤웁 언 뉴 이어r즈 데이 이즈 어 추뤠디션.

15 더 췰주뤈 웍트 언 더 쌘-드 인 베어r 핏.

★ 밑줄 프 = f , 르 = r , 브 = v 발음 표기

01 어 스쿠워r뤌 힌- 디 에이콘- 이너 추뤼 호울.

02 더 펄-리쓰맨 스캔- 더 룸 애즈 순 애즈 히 케임 인.

03 히즈 인벤션 어브 더 벌브 윌 비 뤼멤버r드 퍼r에버r.

04 쉬 프뤼페어r- 더 클라이밍 이쿠입멘트.

05 히 게스(트) 뤼들 커뤠클리.

06 더 타이푼 디스추로이- 더 하우씨즈 언 더 코우스트.

07 디 오울- 맨 왓취- 더 썬셋 프럼 언 암췌어r.

08 페어뤈츠 얼웨이즈 필 앵자이어리 포어r 데어r 췰주뤈.

09 데이 스웸 인 더 아웃도어r 스위밍 풀.

10 어 디어r 그로우즈 업 이링 더 듀 언 그뤠쓰.

11 애즈 유 노우, 크뤼스머스 이즈 인 디쎔버r.

12 히 엔터r- 더 패쓰워r- 투 언락 더 도어r.

13 쉬 빌리브즈 인 헤븐 앤- 헬.

14 쉬 이즈 어 하우쓰와이프 위쓰 췰주뤈.

15 더 워운드 스틸 뤼메인즈 언 히즈 페이쓰.

01 데어r 아r 얼라럽 히스토뤽 사이츠 투 싸잇씨- 인 디쓰 에어뤼아.

02 아이 클랩트 마이 핸즈 투 더 비트 어브 더 쏭-.

03 캐주얼 클로우즈 아r 모우스 컴프터블 웬 플레잉.

04 땡스 투 허r, 잇 워즈 어 플레즌트 이브닝.

05 디 에너미 서뤤더r드 어겐스- 더 스추롱 밀리테뤼 포어r쓰.

06 더 뱅크 쎄럽 더 스컬처r 어번 에이쥘.

07 허r 뤼타이어r멘트 어나운쓰멘트 이즈 어 쌱 투 에브뤼원.

08 잇 워즈 언럭키 댓 히 미스- 더 라스트 버쓰.

09 데어r 워즈 어 루머r 댓 히 윌 비 프러모우팃 순.

10 도운(트) 프롸운 에니모어r 앤드 스마일 브롸들리.

11 디쓰 주뤠쓰 피츠 마이 슬렌더r 바디.

12 쉬 타이- 더 독- 투 더 포울 포어r 어 와일.

13 푸드 이벤추을리 비컴즈 유어r 보운즈 앤드 플레쉬.

14 디즈 아r 페어r웰 기프츠 프럼 마이 프뤤즈.

15 어 허r드 어브 버펄로우즈 이즈 그뤠이징 인 더 메도우.

★ 밑줄 프 = f , 르 = r , 브 = v 발음 표기

01 디쓰 푸드 이즈 어 퓨전 어브 코뤼언 앤드 웨스턴 푸드.

02 더 크뤼에이션 어브 라이프 이즈 스틸 어 미스테뤼.

03 히 씬씨어r리 위쉬트 포r 허r 해피네쓰.

04 디 이글 이즈 플라잉 투 파인드 프뤠이.

05 포-어r 밀크 인투 플라워r 앤- 믹쓰 웰.

06 위 잇 비프, 포어r크 앤드 취킨.

07 아이 줘쥐- 더 시추에이션 위쓰 리미팃 인포어r메이션.

08 아워r 아파r트멘트 어답팃 어 디스추뤽 히링 씨스틈.

09 더 웨건 줘스트 패스- 더 게이트웨이.

10 히 해즈 디피컬티 인 씰렉션.

11 쉬 픽트 어 펄- 넥클레쓰 인스테드 어버 고울드 원.

12 아이 림트 비커우즈 아이 허r트 마이 렉- 와일 플레잉 싸커r.

13 더 크루 앤드 캠틴 아r 워r킹 언 더 덱.

14 데어r 워즈 어 스추롱 어r쓰크웨이크 인 줴팬.

15 히 애슥트 포어r 어 뤼펀드 이넌 앵그뤼 토운.

01 쉬 웍트 언 더 그뤠블 위쓰 허r 네이킷 피트.

02 히 스터딧 프록-즈 인 바이알러쥐 클래쓰.

03 갓 윌 블레슈 포어r 유어 줴너롸써리.

04 허r 하우쓰 이즈 디스턴트 프럼 마이 하우쓰.

05 아이 쏘우드 레터쓰 씨-즈 올- 오우버r 더 가r든.

06 더 베이쓰볼 팀 추뤠인드 포어r 추롸이엄프.

07 쉬 해즈 보우쓰 어 륑 앤드 어 브뤠이슬렛.

08 코뤼아즈 이카너미 이즈 딥플리 륄레잇 투 엑스포어r트.

09 더 앵글 어브 디쓰 추롸이앵글 이즈 씩스티 디그뤼즈.

10 허r 퍼r스트 스피-취 워즈 베뤼 임프뤠씨브.

11 디쓰 로우드 이즈 쏘우 스토우니 댓 잇 이즈 하r- 투 워-껀.

12 아이 썹스크롸이브- 투 어 위클리 매거진 포어r 커먼 쎈쓰.

13 쉬 크롸이드 웬 쉬 허r- 더 추뤠쥑 스토뤼.

14 히 워즈 익스추뤼믈리 조이플 투 윈 더 핑 퐁 게임.

15 잇 이즈 뤼을리 페인플 이퓨 겟 스텅 바이 어 스 웜 어브 비-즈.

★ 밑줄 프 = f , 르 = r , 브 = v 발음 표기

01 히 워즈 퍼니쉬트 포어r 히즈 프뤼쿠엔트 레잇네쓰.

02 히 이미디엇리 뤼스판-딧 투 허r 뤼쿠에스트.

03 더 보-쓰 싸인드 어 싸잇 컨추뤡트 포어r 더 팩토뤼.

04 네버r 스쿠위즈 핌플즈 위쓰 유어r 핸즈.

05 위 웬트 인투 더 케이브 위쓰 어 토어r취.

06 하우 머취 이즈 어 더즌 어브 펜슬즈?

07 데어r 크와뤌링 오우버r 어 마이너r 프롸블럼.

08 쉬 써r취트 포어r 더 륑 인 더 주롸워r.

09 쉬 플랜팃 추뤼즈 얼렁 더 로우드싸이드.

10 더 멘 유즈을리 웬- 투 더 바r버r샵.

11 더 서브웨이 라인 이즈 썸왓 컨퓨징.

12 히 어브저r브드 비너쓰 위쓰 어 텔러스코웁.

13 위 로우드 어 슬레드 언 더 프로우즌 리버r.

14 데어r즈 어 메일 엔터r테이너r 후 뤼젬블즈 어 그뤠쓰하퍼r.

15 플러드 이즈 더 커-즈 어브 배-드 하r베스트 어브 더 이어r.

01 히 툭 프롸이드 애저 스추뤗 클리너r.

02 아이 라익 디쓰 하우쓰 비커우즈 잇츠 인 더 써던 디뤡션.

03 더 비이클 언 위취 더 스튜든츠 워r 롸이딩 워즈 브로큰.

04 디쓰 블루 플라워r 해즈 언 언유즈얼 스멜.

05 쉬 클로우즈드 허r 아이즈 인 어 스케어뤼 씬.

06 히 이즈 그뤼디 어바웃 머니 앤드 푸드.

07 아이 쏴우드 머r씨 투 더 헝그뤼 베거r.

08 히 워즈 어웨어r 댓 썸띵 워즈 롱.

09 디쓰 머쉰 해즈 얼라럽 유즈플 펑션즈.

10 더 패스트 레퍼r드 이즈 어 스킬풀 헌터r.

11 더 브뤽 하우쓰 이즈 스추롱거r 댄 더 워든 하우쓰.

12 쉬 해드 로우맨틱 밀- 위쓰 힘.

13 더 쉘 어브 더 스네일 해즈 어 스파이뤌 쉐입.

14 써브밋 더 멤버r쉽 애플리케이션 바이 투데이.

15 더 쎄컨데뤼 데이줘r 어브 더 밤- 이즈 더스트.

★ 밑줄 프 = f, 르 = r, 브 = v 발음 표기

01 더 컴뻐니 추렌스포어r츠 굿즈 바이 뤠일로드.

02 포-어r 더 믹스처r 어브 워러r 앤드 밀크 인투 플라워r.

03 데어r 아r 노우 엑쎕션즈 투 스쿨 룰-즈.

04 더 벳 떳 더 스네이크 워즈 얼뤠디 데-드.

05 러브 인 뤼알러리 이즈 모어r 로우맨틱 댄 인 픽션.

06 히 보우스팃 어바웃 히즈 썩쎄쓰 얼 데이 롱.

07 히즈 페임 애즈 어 싸이언티스트 해즈 비컴 와이드스프뤠드.

08 쉬 해즈 디 앰비션 투 비컴 어 미니스터r.

09 윌 유 겟 더 프롸덕츠 캐털록-?

10 히 워r쓰 인 디 어카운팅 디파r트멘트.

11 히 와입- 더 플로어r 클린 위쓰 어 맙-.

12 더 커닝 팍쓰 디씨브- 더 풀리쉬 라이언.

13 얼 배기쥐 이즈 인스펙팃 바이 엑스-뤠이.

14 디즈 슈즈 아r 애즈 라이트 애저 버r즈 페더r.

15 블랙 스모우크 케임 업 쓰루 더 췸니.

01 디쓰 이즈 칸-추뤠뤼 투 더 뤼절트 댓 아이 엑스펙팃.

02 쉬 펠트 코우지 바이 더 파이어r플레이쓰.

03 더 뱅커r 이즈 스킬풀리 카운팅 더 머니.

04 더 캅- 쎈트 핸드 씨그널즈 인스테드 어버 추뤠픽 라이트.

05 이퓨 써든리 커-프, 커버r 유어 마우쓰 위쓰 유어r 포어r암.

06 더 거번멘트 퍼r미릿 어스 투 비짓 촤이나.

07 쉬 이즈 어 롸이터r 어브 무비 스크륍츠.

08 히 이즈 어 미들 스쿨 스튜든트 인 코우에주케이션.

09 이뤠이쓰 디 인커뤡트 앤써r 비포어r 잇츠 투 레잇.

10 디쓰 캔디 테이스츠 스위트 앤 싸워r.

11 아이 엠 어 스튜든트. 데어r포어r, 아이 해브 투 스터디.

12 히 이거r리 웨이릿 포어r 허r 투 어피어r.

13 쉬 쏘- 더 씬 어버 테뤄블 액씨든트.

14 그뤠입쓰 아r 매쓰 프러듀쓰트 인 디쓰 디스추뤽.

15 더 배쓰룸 플로어r 이즈 커버r드 인 써뤠믹 타일즈.

★ 밑줄 프 = f , 르 = r , 브 = v 발음 표기

01 더 블랙 케입 엔벌로웁트 해뤼 컴플리틀리.

02 더 쏘어r쓰 어브 히즈 컨피든쓰 이즈 히즈 페믈리.

03 쉬 밧- 어 뤠어r 스탬프 프럼 더 옥-쎤.

04 더 띠프 쇼우드 어 펄-쓰 아이덴티피케이션 카r드.

05 잇 워즈 포어r추넷 댓 쥐성 멧 더 디뤡터r.

06 히 쎈트 어 쌤플 투 더 랩- 포어r 테스팅.

07 더 쌀-리드 아이쓰 멜팃 인투 리쿠위드 워러r.

08 디 인포어r메이션 이즈 어베일러블 투 에니원 후 원츠 잇.

09 히 쿠와이엇리 오우쁜- 더 클래쓰룸 도어r 투 고우 인싸이드.

10 허r 하우쓰 이즈 낫 파r 프럼 더 아-피쓰.

11 아이 웬- 투 덴티스트 비커우즈 아이 해더 투쓰에이크.

12 쉬 썩씨-딧 애즈 어 커뤼어r 워먼.

13 아이 얼뤠디 노우 디 앤써r 투 디쓰 뤼들.

14 디 어피어뤈쓰 어브 좌이언트 만-스터r즈 테뤄파이드 미.

15 위취 써브쥌트 디 쥬 어플라이 포어r 디쓰 쎄미스터r?

01 어 마이너r 디펙트 워즈 파운드 언 디쓰 머쉰.

02 더 보-쓰 추뤼팃 디 임플로이- 라이꺼 슬레이브.

03 데어r 워즈 어 싸이언티픽 인베스터게이션 어브 더 파이어r.

04 씽잉 이즈 어 웨이 투 엑스프뤠쓰 이모우션.

05 허r 도-터r 엔터r드 엘러멘추뤼 스쿨.

06 아이 엠 쿠와이엇 비지 위쓰 클리닝 앤드 하우쓰워r크.

07 렛츠 고우 애프터r 위 테이꺼 뤠스트 언더r니쓰 디쓰 파인 추뤼.

08 히 펠트 어 씨비어r 페인 인 히즈 스터먹..

09 디쓰 좝 뤼콰이어r즈 보우쓰 스킬 앤드 엑쓰피어뤼언쓰.

10 아이 그롸인드 마이 티쓰 배들리 웬 아이 슬립.

11 히 썸하우 패쓰- 디 엔추뤤쓰 이그잼.

12 쉬 로-스트 어 페어r 어브 이어륑즈 와일 웨어륑 메이껍.

13 히 이즈 쿠와이엇 케이퍼블 어브 댄씽 앤드 씽잉.

14 위 쎄이, '메뤼 크뤼스머쓰".

15 히 이즈 액티브 디스파잇 히즈 에이쥐.

★ 밑줄 프 = f , 르 = r , 브 = v 발음 표기

MP3 파일은
큐알코드 또는http://reurl.kr/2C85369ZP 에서
다운로드 가능합니다.

파트

와리즈 더 뤼즌
유 스떠디 잉글리쉬?

아이 원투 추래블 어롸운- 더
워r을드 바이 마이쎌프.

싸운즈 그레잇!

01 비-즈 어브 스웻 주륍- 다운 허r 페이쓰.

02 웟 히 쎈- 이즈 라r쥘리 펄-쓰.

03 쉬 이즈 쏘우 씩 댓 허r 페이쓰 이즈 페일.

04 아이 스쿠위즈드 투쓰페이스트 언투 마이 투쓰브뤄쉬.

05 히 스테이딘 어 리를 헛 바이 더 레이크.

06 더 프륀쓰 턴즈 인투 어 베거r 인 디쓰 페뤼 테일.

07 온리 어 히로우 캔 쎄를 디쓰 워r.

08 더 쎄그뤄테뤼 로웃 디 애주뤠쓰 언더 엔벌로웁.

09 플리즈 슬라이쓰 더 포어r크 어 리를 띤리.

10 히 웨어r즈 어 윅- 비커우즈 히 이즈 테뤄블리 벌-드.

11 주뤠큘라 이즈 어프뤠이드 어브 데일라잇.

12 더 컴뻐니 스페셜라이지즈 인 오우버r씨-즈 추뤠이드.

13 위 개더r드 앳 더 어-디토뤼엄 포어r 어 프뤼젠테이션.

14 데이 모우슬리 컬터베잇 롸이쓰 앤드 위-트.

15 페퍼r즈 아r 어 푸드 댓 스티뮬레잇 애퍼타잇.

데이 81-2

01 더 핏처r 핏취즈 더 베이쓰볼 투 더 캣처r.

02 데어r즈 노우 파써빌러리 댓 더 써스펙트 윌 윈 더 추롸이얼.

03 쉬 엠퍼싸이즈드 허r 뤼취 엑쓰피어뤼언쓰.

04 잇 이즈 써r튼 댓 히 이즈 라잉.

05 아이 애슥- 더 호우텔 매니줘r 투 메이꺼 뤠저r베이션.

06 잇 워즈 쏘우 핫 댓 아이 주뤵크 아이씨 워러r.

07 히 타이- 더 카우 루-슬리 투 어 워든 포우스트.

08 더 컨추뤼 이즈 스추뤄글링 포어r 인디펜던쓰.

09 줴까웃 유어r 포운 뤠커r즈 위쓰 허r.

10 히 풀리 언더r스투- 더 미닝 어브 마이 워r즈.

11 히 미믹트 마이 보이쓰 퍼r펙틀리.

12 줼러씨 이즈 언 이모우션 댓 루인즈 프뤤드쉽.

13 어메뤼카 해즈 어 매그니피쓴트 스태추 어브 리버r티.

14 플러즈 앤드 주롸우츠 아r 매-씨브 내추뤌 디재스터r즈.

15 피쁠 워r 써r프롸이즈드 바이 더 싸운드 어브 더 얼람.

★ 밑줄 프 = f , 르 = r , 브 = v 발음 표기

01 쉬 해던 인크뤼-쓰 인 허r 쌜러뤼 라스트 먼쓰.

02 윈드 이즈 더 메인 팩터r 댓 커-지즈 파이어r 투 스프뤠드.

03 히 밧- 프뤠쉬 베쥐터블즈 프럼 더 마r켓.

04 위 쎄이 댓 데어r 이즈 노우 리밋 투 휴먼 그뤼드.

05 히 인씨스팃 댓 히즈 앤써r 워즈 롸잇.

06 쉬 이즈 썸왓 뤼스판써블 포어r 더 액씨든트.

07 더 디어r 앤- 더 레퍼r드 주롸운드 인 더 워러r.

08 히 매니쥐- 더 컴플레이닝 커스터머r 웰.

09 더 룸 웨어r 더 췰주뤈 플레이드 워즈 인 디쓰오어r더r.

10 유 햇 베러r 테잌 유어r 독- 투 더 벳.

11 쉬 애슥트 어 패써r바이 웨어r 더 뱅크 워즈.

12 히 어브테인- 더 인포어r메이션 프럼 더 브로우커r.

13 민수 이즈 마이 주니어r 바이 쓰뤼 이어r즈.

14 히즈 네임 워즈 인그뤠이브드 언 어 워r 메모뤼얼.

15 히 파운드 어 허r브 댓 헬트 히즈 다이줴스천.

데이 82-2

01 디쓰 북 컨씨스츠 어브 텍스트 앤드 픽처r즈.

02 얼 뤨러티브즈 개더r드 언 뉴 이어r즈 데이.

03 아이 타이- 더 띡 페이퍼r즈 위쓰 스테이플즈.

04 언 앵그뤼 독- 그롸울드 앳 더 게스트.

05 히 주루 스추뤠잇 앤드 커r브드 라인즈.

06 씰크 이즈 메이드 아우럽 더 커쿤 어브 씰크웜즈.

07 더 페뤼 턴- 더 펌킨 인투 어 웨건.

08 워r커r즈 뤼씨브 먼쓸리 페이멘츠 프럼 데어r 컴뻐니즈.

09 얼도우 히 이즈 영, 히 이즈 스추롱.

10 시 멧 필그륌즈 언 더 웨이 투 더 호울리 랜드.

11 히 이즈 어 브뤼티쉬 맨 프럼 브뤼튼.

12 더 카r펜터r 클라임 덥 더 래더r 투 픽쓰 더 루프.

13 아이 캔-(트) 워크 웰 비커우즈 어브 마이 백에이크.

14 히 벤- 더 와이어r 투 메이커 크뤠인.

15 쉬 보일드 워러r 투 잇 컵 누들즈.

★ 밑줄 프 = f , 르 = r , 브 = v 발음 표기

01 위 디스커스트 웨더r 투 리브 투머로우 오r 낫.

02 디 오우너r 머스트 킵 더 독- 언 어 리-쉬.

03 히 파이늘리 오우버r케임 히즈 그뤠잇 써-로우.

04 허r 쎄일즈 퍼r포어r맨쓰 워즈 디써포이닝.

05 아워r 프러페써r 이즈 데피넛리 어 그뤠잇 스칼러r.

06 디 어피쎨즈 아r 인 어 파이어r 주뤌 롸잇 나우.

07 히 노우즈 얼라럽 잉글리쉬 버캐뷸레뤼.

08 원 데이 더 뤠빗 앤- 더 토r더스 멧 언 더 로우드.

09 아이 룩트 포어r 어 포우크 뤠머디 포r 마이 헤데이크.

10 플랜트 그로우쓰 디펜즈 언 더 어마운트 어브 썬라잇.

11 히 쿠든(트) 파인드 히즈 웨이 아웃 비커우즈 어브 더 스모우크.

12 디 인스추뤅터r 하일라이릿 더 밸류 어브 인포어r메이션.

13 어 딜리줜트 스튜든트 쌧- 인 더 프뤈- 씨-트.

14 아이 언타이- 더 낫 어브 마이 슐레이쓰.

15 위 게쓰- 디 아웃컴 어브 더 일렉션.

01 쉬 컴플리틀리 이그노어r드 허r 씨니어r즈 애드바이쓰.

02 렛츠 밋 해프웨이 비트윈 더 스쿨 앤- 더 라이브뤠뤼.

03 더 썹머륀 쌩크 슬로울리 인투 더 워러r.

04 취주뤈 아r 러닝 어디션 앤- 썹-추뤡션.

05 더 보-이 해즈 어 바일런- 템퍼r.

06 더 학- 앤- 디 이글 아r 씨믈러r 버r즈.

07 히 써-어 빔 어브 라잇 인 더 다r크네쓰.

08 쉬 워즈 쏘우 디프뤠스트 댓 쉬 워닛 투 비 얼로운.

09 더 커플 아r 왓췽 더 웨딩 뤼코어r딩.

10 원 로우즈 페를 펠 언더 그롸운드.

11 아이 핻- 노우 빌리프 인 히즈 플랜.

12 피직쓰 스터디즈 더 모우션 어브 아브쮁츠.

13 더 스튜든트 앤- 더 티처r 아r규드 어바웃 더 띠어뤼.

14 히 브롿- 더 푸드 프롸퍼r리 앳 더 버페이.

15 허r 어피니언 쿠와이엇 디퍼r즈 프럼 마인.

★ 밑줄 프 = f , 르 = r , 브 = v 발음 표기

01 아이 워즈 쏘우 퓨뤼어쓰 댓 아이 쏘어r 투 허r.

02 아이 스타r틀 딤 쏘우 히 스크륌드.

03 더 맨 쉐이브드 히즈 비어r드 위쓰 어 뤠이저r.

04 쉬 리브즈 인 더 컨추뤼싸이드 뤼모웃 프럼 더 씨리.

05 애즈 유 노우, 더 캐피를 어브 코뤼아 이즈 써울.

06 디즈 슈즈 아r 뤼을리 컴프터블 투 웨어r.

07 휴먼즈 해브 어 쎈스 어브 터취, 테이스트 앤드 비전.

08 아이 앱썰룻리 디써그뤼 위쓰 히즈 어피니언.

09 디 액터r즈 아r 베뤼 너r버쓰 롸잇 비포어r 더 쑈우.

10 히 웨어r즈 프뤡티클 클로우즈 웬 히 워r쓰.

11 더 프뤼즈너r즈 잇 뤠귤러r 밀즈.

12 히 해드 언 언해피 촤일드후드.

13 더 버r쓰 뤠잇 해즈 주롸매티클리 인크뤼스트.

14 쉬 툭 허r 잉글리쉬 오뤌 앤드 뤼튼 이그잼즈.

15 히 쏘- 어 휴쥐 풋프륀트 언 더 스노우.

01 쉬 뤼무브- 더 스테인즈 프럼 허r 클로우즈 위쓰 디터r줜트.

02 아이 워즈 추룰리 쏘뤼 포어r 인터뤕팅 허r.

03 히 밧- 어 스키 아웃핏 앳 어 디파r트멘트 스토어r.

04 쉬 클라임- 더 스카이스크뤠이퍼r 위쓰 허r 베어r 핸즈.

05 더 넥스- 티븨 브롸드캐스트 스타r츠 앳 눈.

06 디쓰 디바이쓰 윌 뤼듀쓰 에어r 펄루션.

07 아이 캔-(트) 뤼컬- 히즈 네임 애롤-.

08 잇 턴즈 아웃 히즈 어 멤버r 어브 더 쎄임 유니언.

09 휴먼 비잉즈 아r 펄리티클 애니멀즈 바이 네이처r.

10 위 에스태블리쉬트 언 엘러멘테뤼 스쿨 인 더 빌리쥐.

11 주뤅 어뷰스 디스추로이즈 유어r 바디 앤- 마인드.

12 쉬 애드미릿 투 히즈 뮤지클 탤런트.

13 아이 해브 썸 뤼즌 투 써스펙 팀.

14 히 파이늘리 피니쉬트 히즈 잉글리쉬 앤- 매쓰 호움워r크.

15 노우바디 노우즈 히즈 뤼얼 네임.

★ 밑줄 프 = f , 르 = r , 브 = v 발음 표기

01 더 딕셔네뤼 이즈 헬-풀 포어r 스터딩 잉글리쉬.

02 쉬 와입트 허r 티어r즈 위쓰 어 핸커r취프.

03 아이 스추롱리 푸쉬- 더 카r트 포어r워r드.

04 데어r 아r 메니 언유주얼 크뤼처r즈 언 어r쓰.

05 아이 라익 디쓰 베스킷볼 비커우즈 잇 바운씨즈 웰.

06 히즈 노우블 쌔크뤄파이쓰 쎄이브 더스 얼-.

07 쉬 스타r팃 허r 커뤼어r 애즈 어 쎄크뤄테뤼.

08 더 펄-리쓰 비잇 더 써스펙츠 도어r 하r드.

09 더 베이비 썩트 히즈 떰.

10 이디엄즈 어-픈 해브 어 호울 뉴 미닝.

11 더 프륀쓰 앤드 프륀쎄스 리브드 해-쁠리 인 더 캐쓸.

12 쉬 오우버r룩트 히즈 씨뤼어쓰 미스테이크.

13 더 도어r머토뤼즈 보어r더r 페이즈 뤤트 에브뤼 먼쓰.

14 더 싸이언티스트 췤린쥐드 어 뉴 엑쓰페뤼멘트.

15 디쓰 스테어r웨이 리즈 투 헤븐.

01 데어r 워즈 낫띵 인 더 룸 애프터r 더 띠프 레프트.

02 위 임포어r트 메니 하우쓰오울드 굿즈 프럼 촤이나.

03 어 로우프 어브 브뤠드 펠 어프 더 테이블.

04 허r 플랜즈 아r 크와잇 어추뤡티브.

05 아이 워즈 그뤤팃 퍼r미션 투 비짓 더 쥀일.

06 히즈 하우스 워즈 번트 얼투게더r 인 더 파이어r.

07 쉬 그륀드 앳 더 퍼니 무비.

08 디 어-떠r 해즈 더 카피롸잇 포어r 디쓰 북.

09 아이 테익 스페셜 케어r 어브 롸- 피쉬 인 썸머r.

10 더 휴먼 바디 이즈 얼쏘우 어 카이덥 인스추뤄멘트.

11 더 라이츠 어브 더 랜턴 블링트 인 더 디스떤스.

12 플리즈 인폼 미 비포어r핸드 이퓨 캔-(트) 어텐드.

13 히 컷 어 데드 깅코우 추뤼 위쓰 어 쏘-.

14 더 플라워r즈 인 더 가r든 블룸 인 스프륑.

15 디쓰 팩토뤼 뤼싸이클즈 추뤠쉬 인 베뤼어쓰 웨이즈.

★ 밑줄 프 = f , 르 = r , 브 = v 발음 표기

01 썸타임즈 쿠완티티 이즈 모어r 임포어r튼- 댄 쿠알러리.

02 프롸스트 빌즈 언 더 윈도우즈 인 더 코울드 윈터r.

03 커뤈틀리 해프 어브 더 추뤠이저r 맵 이즈 미씽.

04 더 유니콘- 이즈 더 쎄이크뤗 애니멀 어브 이매쥐네이션.

05 아이 어팔러좌이즈- 댓 아이 페일- 투 킵 디 어포인-멘트.

06 마-든 피쁠 아r 써퍼륑 프럼 멘틀 일네쓰.

07 데이 페이브- 더 싸이드웍- 위쓰 옐로우 브뤽쓰.

08 더 테일러r 컷 더 클러-쓰 투 메이꺼 수-트.

09 더 위자r드 웨이브드 어 매쥑 완드.

10 히 풋 히즈 쑤웃케이쓰 인 더 오우버r헤드 컴파r-멘트.

11 히즈 인슈어r드 어겐스트 캔써r 포어r 원 빌리언 달러r즈.

12 쉬 블러쉬트 웬 쉬 써- 히즈 픽처r.

13 히 이즈 해프 맨 앤드 해프 비-스트.

14 더 파퓰레이션 어브 영 피쁠 이즈 디크뤼씽.

15 데어r 아r 메니 마r블 필러r즈 인 더 팰러쓰.

01 히 워즈 어 마이너r 후 마인드 코울 인 어 케이브.

02 마이 밸류어블 메머뤼즈 위쓰 허r 아r 비비드.

03 디 이블 맨 커r스트 앳 더 네이버r.

04 더 프루프 어브 글로우블 워r밍 이즈 더 멜팅 아이쓰버r그.

05 데이 그루 업 인 컴플리틀리 디퍼뤈- 인바이뤈멘츠.

06 쌔들리, 더 빅토뤼 이즌(트) 마인 디쓰 타임 아이더r.

07 스펠링 인 잉글리쉬 이즈 얼쏘우 디피컬트 포어r 네이티브 스피커r즈.

08 레먼 이즈 더 뤠프뤼젠터티브 어브 싸워r 프루츠.

09 더 엑스플로우줜 어브 더 밤- 디스추로이- 더 빌딩.

10 히즈 미션 이즈 투 임프루브 쎄일즈.

11 아이 프뤠이드 포어r 히즈 뤼커버뤼.

12 더 파이뤳 로-스트 히즈 아이 앤드 암 인 어 배를.

13 비포어r 데어r 워즈 떤더r, 라이트닝 플래쉬트.

14 더 샵키퍼r 써스펙팃 힘 투 비 더 픽파-킷.

15 히 스테이드 인 어메뤼카 오우버r 어 렁- 텀 어브 이얼즈.

★ 밑줄 프 = f , 르 = r , 브 = v 발음 표기

01 더 위자r드 크뤼에이릿 더 만-스터r 위쓰 매쥑.

02 쉬 이즈 언 이탤리언 워먼 프럼 이틀리.

03 더 스펙테이러r즈 퀘스팃 인 더 쉐이드 어브 더 추뤼.

04 멤버r즈 어브 더 써싸이어티 해브 듀리즈 앤드 롸이츠.

05 더 가r드너r 추륌즈 더 플랜츠 언 더 펜쓰.

06 히 매쥐클리 디스가이즈드 힘쎌프 위쓰 어 머스태쉬.

07 허r 써r네임, 킴, 이즈 커먼 인 코뤼아.

08 아이 에임드 앳 더 타r겟 앤드 풀- 더 추뤼거r.

09 히 뤼무브- 더 블레이드 스카r 언 히즈 페이쓰.

10 어 웨딩 피-스트 워즈 헬드 인 더 홀- 애프터r 더 쎄러모우니.

11 더 패-씬줘r즈 가러프 더 버쓰 인 오어r더r.

12 롸이쓰 오어r 위-트 이즈 어 메이줘r 타이뻡 그뤠인.

13 웬 하이주뤄쥔 앤드 악-씨줜 밋, 잇 비컴즈 워러r.

14 히 이즈 딜리버륑 롸이쓰 백-즈 위쓰 어 밴.

15 더 쉐퍼r드 메이드 어 펜스 아우럽 록-즈.

데이 87-2

01 아이 초우즈 어 브뤤-뉴 카r 롸더r 댄 어 유즈드 카r.

02 더 디-먼 어피어r드 메이킹 어 테뤄파잉 싸운드.

03 더 나-벌리스트 원츠 투 롸이트 언 에쎄이 썸데이.

04 아이 컨씨더r드 히즈 리빙 시추에이션 디플리.

05 쉬 클리어r리 뤼퓨즈드 히즈 프러포우즐.

06 더 파r머r즈 워r 땡플 포어r 더 펄- 하r베스트.

07 씰-즈 파인- 데어r 프뤠이 위쓰 데어r 롱- 위스커r즈.

08 더 갤러뤼 엑지비릿 어 페인터r즈 페인팅.

09 쉬 써r튼리 어그뤼드 위쓰 마이 어피니언.

10 히 해머r드 어 네일 언투 어 띡 보어r드.

11 추롸이 버나-큘러r즈 비포어r 바잉 어 텔러스코웁.

12 쉬 해즈 어 프뤼티 코-뤌 넥클레스.

13 히 컨썰팃 어 브로우커r 투 바이 어 하우쓰.

14 아이 주뤸-드 어 쑤웃케이쓰 어롸운- 더 에어r포어r트.

15 썸원 탭트 언 허r 룸 레잇 앳 나잇.

★ 밑줄 프 = f , 르 = r , 브 = v 발음 표기

01 노우바디 쌀-브- 디쓰 프롸블럼 비싸이즈 미.

02 히 멘딧 어 브로우큰 추롸씨클.

03 히 플레이즈 싸커r 웰 포어r 어 비기너r.

04 데어r 이즈 어 플랜- 댓 잇츠 인쎅츠 언 댓 아일랜드.

05 어 지브롸 해즈 팬씨 스추롸입쓰.

06 더 컨퍼뤈쓰 디든(트) 프롸그뤠쓰 에니 모어r.

07 아이 도운(트) 노우 웨더r 잇 이즈 뤠이닝 오어r 낫.

08 히 텐즈 투 이즐리 추뤄스트 아더r즈.

09 더 나-블 쐈우즈 더 랙 어브 이매쥐네이션.

10 마이 컨추뤼 이즈 언 인디펜든- 데마-크뤠틱 뤼퍼블릭.

11 히즈 딜리줜트 이너프 투 웨이껍 어r리 인 더 모어r닝.

12 더 클러r크 클리어r- 더 박쓰 블라킹 더 아일.

13 더 스케어뤼 만-스터r즈 써롸운디 림.

14 더 킹 개더r- 더 쏘울저r즈 투 프러텍트 히즈 도우메인.

15 디 에너미즈 밀리테뤼 어택 스타r팃 앳 던-.

01 쉬 디파-지팃 더 쥬을 쎄이플리 인더 뱅크.

02 위 메저r- 더 웨이트 어브 더 스토운 어너 스케일.

03 엑스팅구위슁 더 파이어r 이즈 더 모우스트 어r줜- 띵.

04 히 리프팃 더 헤비 롹쓰 위쓰 얼러브 히즈 마이트.

05 어 테러블 워r 해즈 디스추로이드 피-쓰.

06 블락쓰 어브 스토운 펠 어프 더 클리프 위쓰 어 클래러r.

07 쉬 톡트 애즈 이프 쉬 뉴 에브뤼띵.

08 더 플레인 컬라이딧 언 더 뤈웨이 위쓰 어 떠드.

09 더 커-즈 어브 더 파이어r 이즈 스틸 언노운.

10 쉬 해즈 풀리 어취브드 디스 이어r즈 고울.

11 댓 스튜든트 이즈 이스페셜리 굿 앳 더 메인 써브쉑츠.

12 아이 애-디러 비럽 씨-즈닝 투 더 싸이- 디쉬.

13 더 컴뻐니 쎄러뻐 스추뤠터쥐 투 셀 프러덕츠.

14 데어r 이즈 노우 베이큰- 룸 앳 디쓰 호우텔 투데이.

15 쉬 허r- 더 떤더r 프럼 어 디스떤쓰.

★ 밑줄 프 = f , 르 = r , 브 = v 발음 표기

01 히 이즈 루킹 포r 히든 추뤠저r즈 언 디 아일랜드.

02 허r 씩스-이어r-오울드 썬 고우즈 투 프뤼스쿨.

03 디 일러스추뤠이터r 롸이츠 어 페뤼 테일 앤- 주롸-즈 픽처r즈.

04 더 펄리티클 파r디 컨덕팃 어 뤤듬 포운 써r베이.

05 아이 스틸 도운(트) 이븐 노우 히즈 네임.

06 디 임플로이어r 이밸류에이릿 더 워r커r즈 어빌러리즈.

07 아이 엠 낫 컨썬 더바웃 더 케이쓰 애롤-.

08 더 모어r탤러리 뤠잇 해즈 빈 디크뤼씽 씬스 라스트 이어r.

09 더 프뤠그넌- 워먼 파이늘리 게이브 버r쓰 투 어 베이비.

10 히 와쉬트 히즈 핸즈 앤- 피트- 인 더 와쉬룸.

11 히 스테어r드 앳 디 어포우넌츠 글로윙 아이즈.

12 아이 빌리브 디쓰 에비든쓰 이즈 륄레이릿 투 힘.

13 아이 룩트 라이껀 이디엇 웬 아이 토울- 더 롱 앤써r.

14 디 올림픽 토어r취 브롸잇튼(드) 디 오우프닝 쎄러모우니.

15 더 커플 해더 추뤠디셔늘 웨딩.

01 히즈 바운드 투 패-쓰 더 그뤠주에이션 테스트 디쓰 이어r.

02 더 캡틴 샤우팃, “얼 어보어r드.”

03 썸 피쁠 아r 스위밍 비욘- 더 쎄이프티 라인.

04 쉬 에잇 애쁠즈, 페어r즈 엑쎄러롸 앳 더 파r디.

05 더 펄-리쓰 떠-뤌리 인베스터게이릿 더 크롸임 씬.

06 히 워즈 투 샤이 투 뤠이즈 히즈 핸드.

07 아이 로웃 허r 언 앤써r 이미디엇리.

08 아이 쎈- 굿바이 투 힘 앳 디 엔추뤤쓰.

09 더 고우스트 배니쉬트 위다우러 싸운드 앳 던-.

10 히 클레임- 댓 쿠알러리 이즈 베러r 댄 쿠완터티.

11 데어r 아r 메니 엑쎌런- 프러페써r즈 앳 마이 유니버r써리.

12 디쓰 픽처r 디스크롸입 더 마운튼즈 아웃라인 웰.

13 더 디텍티브 캡처r- 더 퓨줘티브 크뤼미늘.

14 아이 펠트 피어r 앳 디 엣쥐 어브 더 클리프.

15 애즈 파r 애즈 아이 노우, 쉬 이즈 어 탤런팃 아r티스트.

★ 밑줄 프 = f , 르 = r , 브 = v 발음 표기

01 보우쓰 씨리즌즈 앤드 팔-러티션즈 머스트 어바이드 바이 더 라-.

02 비즈니스멘 엑쓰췌인쥐 데어r 비즈니쓰 카r즈.

03 더 댄써r 댄쓰- 더 탱고우 투 더 뮤직.

04 쉬 퍼니쉬트 허r 썬 후 디씨브드 허r.

05 더 워r커r 플레이스트 어 라잇 로우드 언 히즈 쇼울더r.

06 더 플럼버r 렛 더 워러r 플로우 다운 더 뤄버r 튜-브.

07 아이 컨그뤠출레이릿 허r 언 허r 패씽 더 이그잼.

08 필 해프 어브 디쓰 버킷 위쓰 워러r.

09 데어r 워즈 어 스파r크 언 더 월 아울렛.

10 쉬 펠트 씨비어r 스추뤠쓰 비포어r 디 인터r뷰.

11 더 거번멘트 촤r쥐즈 택-시즈 어코어r딩 투 인컴.

12 더 케미클즈 멧 앤드 스타r팃 투 뤼액트.

13 쉬 푸러 번취업 로우제즈 인투 더 베이쓰.

14 마이 쓰로웃 이즈 쏘우 쏘어r 댓 잇 이즈 디피컬- 투 스왈로우 푸드.

15 더 주뤠곤 이즈 륄레이릿 머취 투 디 엠퍼뤄r.

01 더 스파이더r 웹 이즈 어 스티키 앤드 스추롱 넷.

02 디쓰 좝 뤼콰이어r즈 스킬 앤드 엑쓰피어뤼언쓰.

03 더 바이퍼r 유지즈 포이즌 투 킬 애니멀즈.

04 쉬 앤드 아이 빌렁- 투 어나더r 파r티.

05 디쓰 메디쓴 이즈 쏘우 비러r 댓 췰주뤈 도운(트) 라이낏.

06 더 무비 워즈 보어륑 쏘우 아이 펠 어슬립.

07 도운(트) 무브 더 스태추 댓 이즈 인 어 픽쓰트 퍼지션.

08 아이 갓 언 더 서브웨이 비커우즈 어브 더 헤비 추뤠픽 쥄.

09 더 써r퍼스 어브 더 마r블 이즈 베뤼 스무-쓰.

10 더 쉘터r 아-퍼r드 푸드 투 더 뤠퓨쥐-즈.

11 아이 더-겁 더 그롸운드 슬로울리 앤드 케어r풀리.

12 줴니 이즈 킨- 투 런 어바웃 코뤼언 컬처r.

13 더 쿨 윈드 이즈 티피클 어-틈 웨더r.

14 디 악-쓰 이즈 풀링 더 플라우 인 더 롸이쓰 필-드.

15 쉬 투꺼 픽처r 위쓰 더 캐므롸 플래쉬 언.

★ 밑줄 프 = f , 르 = r , 브 = v 발음 표기

MP3 파일은
큐알코드 또는http://reurl.kr/2C85369ZP 에서
다운로드 가능합니다.

파트

와리즈 더 뤼즌
유 스떠디 잉글리쉬?

아이 원투 추래블 어롸운- 더
워r을드 바이 마이쎌프.

싸운즈 그레잇!

01 더 뱅크 렌트 더 컴뻐니 어 밀리언 달러r즈.

02 노우바디 페이드 어텐션 투 더 추루쓰.

03 히 투 껀 인스떤스 투 엑스플레인 더 띠어뤼.

04 데이 유즈드 어 추뤽 투 윈.

05 히 밧- 브뤠드 메이럽 위-트 앳 더 베이커뤼.

06 더 해피네쓰 어브 오어r디네뤼 피쁠 이즈 씸플.

07 더 플라이 이즈 크럴-링 언 더 씨일링.

08 더 테일러r 쇼어r튼드 마이 팬츠 투 머취.

09 히 이즈 어 레줜데뤼 줴너뤌 인 코뤼언 히스토뤼.

10 쉬 바-로우드 머니 프럼 더 뱅크 투 바이 어 하우쓰.

11 데이 컨덕팃 엑쓰페뤼멘츠 인 더 랩-.

12 히 보우스팃 어바웃 히즈 어취브멘트.

13 아이 췍- 더 페이션츠 체스트 위쓰 어 스테떠스코웁.

14 히 이즈 어 그뤠잇 리-더r 어브 더 코뤼언 싸컬 팀-.

15 어버벌, 더 코어r 어버 스쿨 이즈 잇츠 스튜든츠.

01 쉬 프루브- 더 띠어뤼 윗 떤 엑쓰페뤼멘트.

02 더 씽어r즈 쌩- 더 쏭 애저 두엣.

03 히 언드 머니 바이 인베스팅 인 스탁쓰.

04 더 펄-리쓰 어큐즈드 힘 어브 떼프트.

05 쉬 이즈 어 줴패니즈 워먼 프럼 줴팬.

06 더 륑 인 더 주얼뤼 박쓰 글리러r드 윗 더 라이트.

07 더 인텐쓰 히-트 메잇 힘 필 디지.

08 쉬 도우네이릿 허r 블러- 투 더 씩 퍼r쓴.

09 히 커버r- 더 롸이쓰 케익 위쓰 쎄이버뤼 빈- 파우더r.

10 플리즈 필 프뤼 투 칸-택트 미 앳 에니 타임.

11 히 딜리릿 허r 네임 프럼 더 리스트.

12 아이 메저r- 더 하이트 어브 더 스태추 윗 떠 테입라인.

13 썸 키즈 뤼콰이어r 스페셜 어텐션.

14 히 워즈 스추롱리 어포우즈- 투 마이 어피니언.

15 아이 커넥팃 더 쉽 투 더 포어r트 윗 떠 스틸 링크.

★ 밑줄 프 = f , 르 = r , 브 = v 발음 표기

01 디 이글 그륍- 더 마우쓰 위쓰 히즈 크러-즈.

02 히 펜- 피-너츠 투 더 스왈로우즈 인 더 케이쥐.

03 아이 플레이쓰- 더 플레이츠 인 오어r더r 언 더 테이블.

04 더 스파이 컨페쓰트 에브뤼띵 비커우즈 어브 더 토어r처r.

05 메니 메뤼드 워멘 워r크 앳 더 컴뻐니.

06 씬쓰 잇츠 어 도움 스테이디엄, 아임 낫 워뤼더바웃 뤠인.

07 쉬 아이언- 더 팬츠 투 뤼무브 더 윙클즈.

08 더 쿡 인추러듀스트 뤠써피즈 인 더 쿡북.

09 쉬 이즈 뤼스판-써블 포어r 인풋 엔드 아웃풋 어브 데이라.

10 히 캔-(트) 해버 밀- 비커우즈 어브 더 스터먹에이크.

11 아이 뤼무브- 더 팻- 어롸운드 마이 웨이스트 위쓰 허 훌라-후프.

12 데어r 이즈 조이 앤드 써-로우 인 어 쇼어r트 포움.

13 히 얼웨이즈 스펜즈 모어r 댄 히즈 인컴.

14 쉬 이즈 엔비어스 이너프 투 비 줼러쓰 어브 미.

15 더 독- 써든리 스니프트 어 맨즈 백-.

01 히 해더 비주얼 테스트 비커우즈 어브 히즈 라이쎈스.

02 아이 네버r 인텐딧 투 이그노어r 유.

03 허r 라이언 디스가이즈 스케어r- 더 키드.

04 잉글랜드 이즈 페이머쓰 포어r 잇츠 쥀틀멘 앤드 잇츠 엄브뤨라즈.

05 히 이즈 투 위크 포어r 어 그로운 맨.

06 더 프뤼즈너r 배니쉬트 위다웃 어 추뤠이스 인 프뤼즌.

07 더 워러r 킵쓰 리-킹 프럼 더 버킷.

08 칸-스턴트 뤠퍼티션 메익쓰 잇 퍼r펙트.

09 아이 인라r쥐- 더 백-티뤼아 파이브 타임즈 위쓰 어 마이크러스코웁.

10 륄리쥔 앤드 수퍼r스티션 아r 클리어r리 디퍼뤈트.

11 더 킬러r 툭 어 쉽 투 플리- 오우버r씨-즈.

12 아이 도운(트) 노우 와이 벗 투데이 이즈 어 글루미 데이.

13 아이 해더 쎄일 투 임프루브 더 쎄일즈 어마운트.

14 쉬 써- 더 비지러r즈 아웃 앳 더 포어r취.

15 히 쎌덤 웨익쓰 업 어r리 인 더 모어r닝.

★ 밑줄 프 = f , 르 = r , 브 = v 발음 표기

01 아이 뤼씨-브드 에주케이션 앤드 임프루브드 마이 스킬즈.

02 포울러r 베어r즈 아r 어 씸볼 어브 아r틱 애니멀즈.

03 쉽 아-퍼r즈 피쁠 윔 퍼r.

04 더 킹 핸딧 더 쓰로운 오우버r 투 히즈 엘디스트 썬.

05 허r 패셔넷 러브 턴드 인투 헤이추뤳.

06 더 블러드 플로우즈 컨-스턴리 쓰루 블러드 베쓸즈.

07 헐크 해즈 엑스추로어r디네뤼 파워r.

08 더 칼럼즈 어브 더 템플 갓 틸팃 바이 언 어r쓰크웨이크.

09 더 대미쥐 프럼 주롸웃 앤드 히-트 이즈 이노어r머쓰.

10 데어r즈 어 클로우스 륄레이션쉽 비트윈 스모우킹 앤드 렁 캔써r.

11 투 텔 더 추루쓰, 허r 아웃핏 이즈 파r 프럼 더 추뤤즈.

12 웬 더 키드 써- 더 고우스트, 히 스크륌드 인 피어r.

13 쉬 헤이츠 히즈 촤일디쉬 비헤이비어r.

14 히 서r바이브드 어 피어r쓰 컴-퍼티션.

15 애즈 더 썬 로우즈, 스노우 앤드 아이쓰 멜팃.

01 히 파운드 어 휴먼 스켈러튼 인 더 그뤠이브.

02 쉬 매니쥐- 투 뤼바이브 더 다잉 플라워r.

03 유 니드 애드벤처r 앤드 커-뤼쥐 투 썩씨드.

04 잇츠 빈 투 이어r즈 씬스 아이 레프트 마이 좝.

05 쉬 인바이릿 허r 네이버r즈 투 다인 투게더r.

06 히 클리어r리 허r- 더 피어r씽 스크륌.

07 허r 리-더r쉽 컨씨더r즈 프륀써플즈 어 프롸이오뤼티.

08 씨-즈 디 아-퍼r튜너리 앤드 유 캔 썩씨-드.

09 더 띠임 어브 디쓰 페스티블 이즈 '뤼바이블 어브 추뤠디션.'

10 히 갓 덴틀 추륏멘트 비커우즈 어브 히즈 캐버티즈.

11 히 오우쁜드 히즈 암즈 앤드 허-그드 히즈 썬.

12 아이 패쓴드 마이 씨잇 벨트 포어r 세이프티.

13 쉬 그롸운- 더 빈-즈 투 파우더r 인 더 밀.

14 아이 뤼스펙팀 디플리 애즈 어 씨니어r.

15 마이 페믈리 어답팃 어 피리풀 오어r펀.

★ 밑줄 프 = f , 르 = r , 브 = v 발음 표기

01 더 커플 윌 리브 인 디쓰 하우쓰 애프터r 매뤼쥐.

02 더 써r번트 쌔크러파이쓰트 히즈 라이프 포어r 디 오우너r.

03 더 클로우저r 어브 더 팩토뤼 워즈 어 샥 투 더 워r커r즈.

04 아워r 플라이츠 디파r처r 워즈 딜레이드 언틸 투마로우.

05 더 클래씩 뮤직 캡처r- 더 어-디언씨즈 하r츠.

06 디쓰 하우쓰 이즈 빌트 언 어 스추롱 파운데이션.

07 허r 브롸운 아이즈 스파r클드 위쓰 플레이풀네쓰.

08 디 오일 마r켓 인조이- 더 언타임리 붐.

09 '스노우 와잇 앤드 쎄븐 주월프스' 이즈 어 페이머스 페뤼 테일.

10 아이 윌 피니쉬 디쓰 워r크 위띤 투 데이즈.

11 아워r 애틱 이즈 내로우, 댐프 앤드 더r티.

12 쉬 촵-트 캐뤄츠 포어r 쿠킹.

13 더 쉽 쎄일드 인투 어 피-쓰풀 베이.

14 위 플레이드 인 더 쎌러r 인스테드 어브 더 애틱.

15 쉬 메머롸이즈- 더 퍼r스트 파r트 어브 더 레이티스트 쏭-.

01 히 해드 더 워r스트 엑쓰피어뤼언쓰 인 더 데저r트.

02 쉬 펠트 피리 포어r 더 플러드 빅팀즈.

03 더 프륀써플 게이브 어 쇼어r트 렉처r 투 더 스튜든츠.

04 히로우즈 인 미쓰- 앤드 레줜즈 아r 스추롱 앤드 스마r트.

05 히 인벤팃 더 벌브 애프터r 메니 어템츠.

06 히 룩트 핸-썸 인 더 스쿨 이어r북.

07 더 라이브뤠뤼언 좌r쥐- 더 스튜든츠 위쓰 어 레잇 피-.

08 아이 엑스플레인- 더 쎄일즈 플랜 인 디테일.

09 쉬 풋 더 허니 인 더 좌r 앤드 베뤼딧.

10 더 소울저r즈 히드 인 더 밸리, 어웨이링 디 에너미.

11 디쓰 메여r 컨버r스트 위쓰 더 씨티즌즈 얼랏.

12 아이 워r크 애저 헤어r주뤠써r 애러 헤어r 썰란-.

13 히즈 바일런- 주롸이빙 허r 터 패써r바이.

14 아이 워즈 쏘우 비지 댓 아이 쿠든(트) 글랜쓰 앳 더 뉴스페이퍼r.

15 쉬 프뤠이즈- 디 아-니스트 비헤이비어r 어브 허r 썬.

★ 밑줄 프 = f , 르 = r , 브 = v 발음 표기

01 더 휴먼 바디 해즈 어 컴플렉쓰 스추뤅처r.

02 허r 퍼r써낼러리 이즈 아웃고잉 앤드 오우쁜.

03 어 웰띠 맨 메이드 어 도우네이션 투 어 널씽 호움.

04 히 써- 언 어썸 카r 앳 더 엑지비션.

05 쉬 밧- 레러쓰 프럼 어 그로써뤼 스토어r.

06 더 택쓰 아-피쓰 촤r쥐드 어 택쓰 언 언 인컴.

07 히 엔비즈 더 웰쓰 앤드 해피네쓰 어브 아더r즈.

08 히 써- 어 호뤄r 무비 앳 더 띠에러r.

09 더 팔러티션 이즈 워r킹 하r드 언 더 캠페인.

10 쉬 프뤠이드 포어r 더 헬쓰 어브 허r 페믈리.

11 마이 메이트 컴즈 투 스쿨 어r리어r 댄 미.

12 히 헝 더 와쉬트 클로우즈 언 어 클로우즐라인.

13 히즈 뤼커버뤼 워즈 얼모우스트 어 미뤄클.

14 히즈 웨이트 앤드 하이트 아r 노어r멀.

15 이 퓨 티-즈 더 독-, 잇 마잇 바이 츄.

01 어 베거r 벡-드 포어r 머니 앤드 푸드 언 더 스추륏.

02 퍼r머씨스츠 앳 주뤅스토어r즈 노우 얼라러바웃 메디쓴.

03 더 컴뻐니 디덕팃 택씨즈 프럼 히즈 쌜러뤼.

04 베이비즈 크뤌- 언 데어r 핸즈 앤드 니-즈.

05 히즈 주뤙크 앤드 히 스태거r드 언 앤드 언.

06 잇 마잇 뤠인 캣츠 앤 독-즈 투머로우.

07 메니 피쁠 서퍼r드 프럼 워러r 쇼어r티쥐즈.

08 데어r 아r 밀리언즈 어브 스타r즈 샤이닝 인 디쓰 갤럭씨.

09 어 보울드 췔린쥐 이즈 니딧 인 타임즈 어브 크롸이씨스.

10 히 플레쥐드 로-열티 투 더 네이션.

11 아이 페이 뤤트 투 더 랜드로어r드 이취 먼쓰.

12 웬 롸이딩 어 뤠프트, 메익 슈어r 투 웨어r 어 라이프 베스트.

13 이커나-믹 크롸이씨스 쓰뤠튼즈 피쁠즈 라이브즈.

14 롸잇츄어r 네임 앤 애주뤠쓰 언 디쓰 뤠쥐스추뤠이션 폼.

15 더 아r키텍처r 어브 더 피롸밋 이즈 스틸 미스테뤼어쓰.

★ 밑줄 프 = f , 르 = r , 브 = v 발음 표기

01 위 쎌러브뤠이릿 더 뉴 이어r 위쓰 파이어r워r쓰.

02 프뤡틱쓰 이즈 언 에펙티브 메떳 투 런 잉글리쉬.

03 더 모울드 스프뤠드 언 더 브뤠드 비커우즈 어브 더 모이스처r.

04 아이 게이브 더 브롸이드 주얼뤼 애저 웨딩 기프트.

05 더 좌일드 루들리 그뤼릿 더 어덜트.

06 쉬 메이저r드 인 이카너믹쓰 인 칼리쥐.

07 더 빅틈 어브 더 액씨던트 워즈 추뤼릿 앳 더 하스삐를.

08 더 주롸이버r 이그노어r- 더 펄리-씨즈 커-션.

09 히 이즈 어 크루을 맨 투 킥 히즈 독-.

10 더 딜리버뤼 맨 딜리버r- 더 굿즈 언 타임.

11 위 프러듀쓰 일렉추뤽씨리 유징 워러r 앤- 코울.

12 히 어r줜리 워닛 썸원 투 헬핌.

13 더 추뤠이딩 컴뻐니 엑스포어r츠 커스메틱쓰 바이 커낼.

14 아이 어쑴 히 이즈 더 뤼을 크뤼미늘.

15 더 무비 워즈 쏘우 피어r풀 댓 아이 클로우즈드 마이 아이즈.

01 메니 야츠 앤- 보우츠 아r 닥트 앳 더 하r버r.

02 큐뤼어쓰 베이비즈 터취 에브뤼띵.

03 어 헬리캅-터r 앤- 언 에어r플레인 클래쉬트 인 더 스까이.

04 나우 댓 유 멘션 힘, 아이 뤼멤버r 히즈 네임.

05 아이 블락- 더 스피어r 히 쓰루 위쓰 어 쉴드.

06 아이 유즈 더 뤼코어r더r 투 뤼코어r드 더 렉처r.

07 캔써r 이즈 디피컬- 투 큐어r 이븐 인 마런 메디쓴.

08 디 애뜰릿 뤤 투 스추뤵뜬 히즈 머슬즈.

09 더 륄레이션쉽 비트윈 씨니어r즈 앤- 주니어r즈 워즈 굿.

10 더 루스터r 크롸이드 라우들리 앳 썬롸이즈.

11 와쉬 퍼지 피-취즈 위쓰 어 디터r줜트 포어r 프루츠.

12 더 뮤지엄 이즈 디스플레잉 어 페이터r즈 페인팅.

13 더 헤들라인 어브 더 뉴스페이퍼r 캇- 허r 어텐션.

14 더 호어r쓰 이즈 이링 더 위-트 프럼 더 컨테이너r.

15 디쓰 디바이스 컨버r츠 인포어r메이션 인두 디쥐를 데이라.

★ 밑줄 프 = f , 르 = r , 브 = v 발음 표기

01 더 프륀써플 해즈 이슈드 스추뤽트 스쿨 룰즈.

02 쉬 포울딧 더 컬러r드 페이퍼r 투 메이꺼 크뤠인.

03 히 빌트 어 뤡탱귤러r 쉐입트 브뤽.

04 아이 엠 나우 어커스떰드 투 뉴 인바이뤈멘츠.

05 디 아피써r 이즈 컨추롤링 카r즈 언 더 스추륏.

06 데이 스추롱리 디맨딧 씨빌 롸이츠.

07 더 디뤡터r 워즈 서r프롸이즈드 앳 더 무비즈 썩쎄쓰.

08 아이 블리브 댓 에일리언즈 엑지스트 언 아더r 플래니츠.

09 더 뤼액션 투 히즈 스삐취 이즈 쎈쎄이셔늘.

10 휴먼 오r건즈 인클루- 더 하r트, 렁즈, 앤(드) 리버r.

11 아이 로웃 더 애주뤠쓰 앤- 집 코우드 언 디 엔블로웁.

12 이벤추을리 더 타운 갓 아이쏠레이릿 바이 더 스노우스톰.

13 더 데코뤠이션 어브 디쓰 크뤼스마스 추뤼 이즈 터뤼픽.

14 아이 어뮤즈- 더 췰주뤈 위쓰 팬다 메이컵.

15 어 밸런쓰- 다이엇 이즈 임포r튼트 포어r 페이션츠 투 뤼커버r.

01 히 해즈 노우 잉크 투 풋 인 더 파운튼-펜.

02 아이 윌 데피늘리 풀필 마이 쎄이크륏 미션.

03 쉬 스프뤠이- 더 케미클 투 캣취 더 머스퀴도우.

04 히 쿠윗 스모우킹 포r 어 헬띠 라이프.

05 도운(트) 헤즈테잇 투 텔 미 유어r 떠츠 어니슷리.

06 이즈 데어r 어 프뤼 파r킹 조운 니어r 히어r?

07 히 탠드 히즈 바디 포r 더 미스터 머슬 컨테스트.

08 더 쎄크뤠테뤼 쏘어r딧 더 다-라 인 앨파베티클 오r더r.

09 디 인바이뤈멘트 어펙츠 어 퍼r쓴즈 퍼r써낼러리.

10 히 이즈 어 라이어r 쏘우 노우 원 블리브즈 힘.

11 더 칼리쥐 커뤼큘럼 디쓰 쎄미스터r 이즈 타이트.

12 더 쏘울저r 서뤤더r드 앳 디 앤드 어버 피어r쓰 배를.

13 데이 캐뤼드 웨뻔즈 어너 디퍼뤈- 롸우트.

14 뱀부 스뗌즈 아r 유즈드 애즈 팬즈 앤- 배스끼츠.

15 히 에주케이릿 히즈 다-러r 언 추뤠디셔늘 매너r즈.

★ 밑줄 프 = f , 르 = r , 브 = v 발음 표기

01 쉬 셧 허r 아이즈 이너 크뤼피 씬-.

02 더 로어r드 어브 더 캐슬 해즈 메니 서r번츠 앤- 랜즈.

03 더 이쥡션 피뤄밋츠 아r 스틸 어 미스테뤼.

04 잇츠 프뤼머추어r 투 컨클루- 댓 히즈 길티.

05 아이 가런 이어r에이크 애프터r 아이 펠 인투 더 판-드.

06 풋 워러r 앤- 슈거r 인투 어 보울 앤- 스떠r.

07 히 해즈 투 뤼페이 더 뎁- 히 바로우드 프럼 더 뱅크.

08 쉬 이즈 어 컴포우저r 어브 춰r취 힘즈.

09 악씨줜 이즈 언 이쎈셜 머티뤼을 포어r 휴먼즈.

10 후즈 네임 디 쥬 롸잇 언 더 밸럿 페이뻐r?

11 플리즈 도운(트) 디스터r브 미 주륑 더 엑쓰뻬뤼멘트.

12 어 퍼이즈너- 스네이크 히쎄드 언 더 브뤤취.

13 아이 줘스트 익쓰큐즈드 히즈 미스떼익 디쓰 타임.

14 어 노우릿 씽어r 플레이 더 칸-써r트 인 더 빌리쥐.

15 더 디뤡터r 어브 더 무비 햇 디 액떠r즈 어-디션.

01 더 코움 갓 탱글덥 인 허r 컬리 헤어r.

02 더 컴뻐니 에그제큐리브 디클라인드 히즈 프러포우즐.

03 더 유니버r써리 아-퍼r즈 스깔러r쉽쓰 투 잇츠 베스트 스튜든츠.

04 마이 미쎤 이즈 투 파인 더 스빠이 인 더 거번멘트.

05 디쓰 브뤠드 메이럽 윌너츠 앤- 취-즈 이즈 테이스티.

06 두 유 노우 더 뉴 하우쓰 씬주로움?

07 더 쎄컨 핸- 바이씨클 아이 밧- 이즈 얼모우스트 쥉크.

08 쉬 이즈 언 액티브 앤- 터꺼티브 워먼.

09 아이 애드마이어r 더 티처r 프럼 마이 하r트.

10 위 보우쓰 어그뤼- 투 엔- 더 파이트.

11 더 베이비 이즈 스위밍 인 더 배쓰텁.

12 아이 워즈 컨퓨즈 더바웃 더 아이덴티클 페이씨즈 어브 더 트윈즈.

13 어 레이지 맨 인 더 스쁘륑 캔-(트) 하r베스트 인 더 펄-.

14 어 프뤼뷰 어버 뉴 필음 워즈 헬드 인 더 띠에러r.

15 워리즈 더 프롸뻐r 워r드 투 디쓰크롸이브 디쓰 시추에이션?

★ 밑줄 프 = f , 르 = r , 브 = v 발음 표기

01 히 원-드 미 어브 마이 프뤼쿠언트 앱-썬씨즈.

02 머쉬룸즈 아r 원 어브 더 메이저r 크뢉쓰 인 디쓰 에어뤼아.

03 디 오r처r드 키뻐r 췌이스트 더 스빼로우즈 어웨이.

04 잇츠 일리글 투 헌트 와일드 애니멀즈 앳 뤤덤.

05 히즈 취프 인터뤠스츠 아r 베이쓰볼 앤- 풋볼.

06 모우스트 마런 피쁠 해브 모우블 포운즈.

07 더 댄써r 쇼우드 그뤠이스풀 무브멘츠.

08 푸드 웨이스트 이즈 씨뤼어스 어롸우- 더 워r을드.

09 얼 더 팔티써펀츠 마r취- 투 더 캠프싸잇.

10 아이 메저r- 더 렝쓰 앤- 하이트 어브 더 카우취.

11 더 파r머r 게이브 헤이 앤- 코울드 워러r 투 더 호어r씨즈.

12 더 커멘츠 언 더 무비 아r 네거티브.

13 쉬 이즈 어 뉴 스태프 앳 더 디스추뤼뷰션 컴뻐니.

14 디즈 아r 뮤지클 인스추루멘츠 포r 더 컨써r트.

15 아이 칼큘레이릿 더 위쓰 앤- 렝쓰 어브 더 뤡탱글.

01 나너버스 워즈 뤠리 투 기버 프뤠젠테이션.

02 디스 메디쓴 워r쓰 포r 씨비어r 스터먹 페인.

03 더 나잇 헝 히즈 샤r프 쏘어r드 언 히즈 웨이스트.

04 히 프러포우즈- 투 미 바이 쎄잉, "플리즈 메뤼 미."

05 프롸이드 슈륌프 이즈 마이 페이버륏 스낵.

06 더 너r쓰 뤱떠 밴디쥐 어롸운 디즈 암.

07 히 이즈 주뤼밍 어버 썩쎄쓰플 퓨처r.

08 아이 스떼어r드 앳힘 위쓰 마이 암즈 포울딧 어크롸쓰 마이 췌스트.

09 렛츠 스쁠릿 아워r 쎌링 프롸핏츠 페어r리 비트윈 아워r쎌브즈.

10 히 취-릿 피쁠 앤 툭 머니 프럼 뎀.

11 쉬 스땁- 투 어보이드 어 츠뤠픽 액씨든트.

12 인 써머뤼, 더 플랜 워즈 어 컴플릿 페일리어r.

13 크뤼딕쓰 로웃 쇼어r트 커멘츠 언 더 무비.

14 어 씨호어r쓰 이즈 어 머륀 크뤼처r 댓 뤼젬블저 호어r쓰.

15 히 써든리 허r더 라우드 스크륌.

★ 밑줄 프 = f , 르 = r , 브 = v 발음 표기

영어듣기 완성 100일

데이 100-1

01 포r 이그잼플, 잉글리쉬 이즈 얼쏘우 어 랭그위쥐.

02 도운(트) 추뤄스- 더 퍼r쓴 후 취-츠 유.

03 히 디나이- 댓 히 비추뤠이드 히즈 컨추뤼.

04 쉬 어드미릿 댓 쉬 디씨브딤.

05 히 터취- 더 웨딩 주뤠쓰 위쓰 히즈 더r디 핸드.

06 쉬 어뤠인쥐- 더 테이블즈 이너 써r클.

07 디 엑스쁘뤠쓰 추뤠인 해즈 그뤠주얼리 인크뤼쓰드 인 스삐드.

08 히 추롸이- 투 언타이 더 낫 언 더 슈즈.

09 아이 토를리 포r갓 마이 와이프쓰 버r쓰데이.

10 바이 더 웨이, 웟츠 더 메러r 위뜌 레잇리?

11 더 네이비 앤 더 에어r 포어r쓰 디벨로웁트 뉴 웨뻔쓰.

12 아이 오r더r드 어 미디엄 싸이즈 핏짜.

13 쉬 오우버r케임 허r 언해삐네쓰 위쓰 머취 에포어r트.

14 히즈 비추뤠이열 디써포인팃 미 얼랏.

15 허r 북케이쓰 이즈 풀 어브 쿡 북쓰.

01 아이 푸러 떠r마미터r 언더r 마이 암핏.

02 더 캔들라잇 글로우드 인 더 다r크 처r취.

03 아이 메저r- 더 템퍼r처r 앤 휴미디티 어브 더 룸.

04 더 플라워r즈 인 더 가r든 그루 업 언 데어r 오운.

05 히 다이드 퍼r 어 스추뤄글 퍼r 인디펜던쓰.

06 더 씨너뤼 앳 더 타뻐브 마운튼 이즈 뤼을리 나이쓰.

07 렛츠 쎄이브 더 워러r 어겐스트 워러r 쇼r디쥐.

08 네버r 포r겟 투 패-쓴 유어r 쎄이프티 벨트.

09 데어r 매쓰 스코어r즈 워r 이쿠얼 언 더 파이늘 이그잼.

10 위 해러 버r쓰데이 쎌러브뤠이션 파r디.

11 데어r 이즈 나리너프 스빼이스 비트윈 더 투 씨-츠.

12 히 웨넙 더 스테어r즈 팬-팅 히즈 브뤠쓰.

13 아이 헝 더 키즈 포우로즈 어뻔 더 리빙 룸 월.

14 아이 뤨 포우엄즈 얼라우드 인 코뤼언 클래쓰.

15 데어r 워즈 얼라럽 엔터r테인멘- 투 인조이 앳 더 파r디.

★ 밑줄 프 = f , 르 = r , 브 = v 발음 표기

듣고 말하는 영어를 위한 공부방법

원어민처럼 하는 영어, 모국어처럼 하는 영어를 하고자 한다면 반드시 먼저 영어듣기를 완성해야 합니다.

여기서 듣기의 완성이란 상대방이 말하는 의미를 아는 것이 아니라 상대방의 말을 듣고 따라 할 수 있는 것을 의미합니다. 물론 듣고 따라 할 수 있는 수준에 이른 다음에 의미도 알아야 하는 것은 당연합니다.

여기서 중요한 것은 의미를 알기 전에 듣고 따라 할 수 있어야 한다는 것입니다. 이렇게 듣기가 완성이 된 후에야 비로소 읽고 쓰기를 위한 영어알파벳 문자교육이 가능합니다. 영어말하기는 필요에 따라 하면 됩니다.

영어듣기를 완성한 후 영어문자로 공부하는 순서로 영어를 배울 때, 언어영어에도 성공할 수 있고 학습영어도 성공할 수 있습니다.

듣고 말하는 영어를 한다고 하면서 영어문자로 시작하거나 같이 한다면 그것은 더 이상 언어영어라고 할 수 없습니다. 한번이라도 문자를 본 다음에 듣는 듣기는 더 이상 듣기가 아니라 읽기입니다.

기존의 소리영어 학습법이 실패한 이유

소리영어로 했는데 실패했다고 해서 소리영어 자체가 잘못된 것은 아닙니다. 영어소리를 들으며 영어를 배워야 하는 것은 맞지만 적용하는 데 있어서 간과한 부분이 있기 때문에 실패한 것입니다.

1 소리영어를 시작하는 사람의 수준

소리영어를 이제 막 시작하는 사람들의 수준이 제각각입니다. 단순히 영어소리를 열심히 들으라고 해서는 안 되는 이유입니다. 가장 최적의 상태는 영어문자와 의미를 배우지 않은 상태입니다. 그리고 영어문자와 의미를 알면 알수록 어려워지게 됩니다. 이미 알고 있다면 잊으려고 하면서 공부했어야 성공할 수 있습니다.

2 소리영어를 할 수 있는 최적의 교재

소리영어를 표방하는 곳에서는 되도록 영어문자를 보면 안 된다고 말하지만 학습자는 답답한 마음에 영어문자를 보게 됩니다. 그렇다고 영어문자를 볼 수 없도록 영어문자를 아예 제공하지 않는 것도 어렵습니다.

학습자의 상태를 구분하지 않은 점과 교재의 불완전함 때문에 실패한 것이지 소리영어 자체가 문제는 아닙니다.

진정한 영어말하기란?

한국인은 말하기를 위해서 단어와 문법을 열심히 공부합니다. 그런데 이렇게 하면 말하는 영어는 진짜 영어가 아닐 수 있습니다. 문법은 맞지만 원어민들이 쓰지 않는 표현일 수도 있다는 것입니다.

역으로 이런 우스갯소리가 있습니다.

미국에서 온 선교사가 송구영신 예배에서 이런 말을 했다는 것입니다.
"이번 년이 가고 다음 년이 옵니다."
어떤 말을 하고자 했는지 듣는 우리는 알지만 실제로 이런 표현을 사용하지는 않습니다.

진정한 말하기란 원어민들이 현재 쓰는 말을 많이 들어서 문장 전체를 외운 후 모방해서 말하는 것이라 할 수 있습니다. 지금처럼 단어와 문법으로 공부하는 영어는 어디까지나 시험용 말하기나 한국식 말하기에 지나지 않습니다.

진짜 원어민처럼 말하고 싶다면, 듣기가 완성돼서 원어민이 말하는 표현을 내 것으로 만들어서 쓰려고 해야 합니다.